나도 울어, 너처럼

독자의 공감을 극대화하기 위해 글에 따라 화자와 문체가 바뀌며,
극적 허용으로 맞춤법에 어긋나는 표현, 비문법적인 문장 등이 존재합니다.

나도 울어, 너처럼

차례

1 / 가끔 우리는 아이처럼 운다

우리는 운다. 아이처럼	14
어린감	20
나는야 아이언맨	26
나는 자라서 내가 되었다	30
어른스럽다는 것	35
파도가 두렵지 않습니다	38
무기력한 그대에게 전하고 싶은 말	41

2 / 누구나 운다

잘 우는 법	*49*
우리는 관계에 상처받는다	*54*
마음을 쓴다는 것에 대하여	*59*
인생 지침서	*61*
자존감 낮은 사람과 자존감 높은 사람의 차이	*68*
미워하지 않을 수 있다면	*72*
행복한 사람 되는 법	*76*
내 편인 사람	*78*
결국, 삶이 고마워지는 일	*80*

3 / 우리가 울었던 그 밤은 비밀로 합시다

같이 울어줄 수 있는 사람	*84*
진심을 말해	*86*
사랑은 기적	*88*
행복은 멀리 있지 않아	*92*
상처는 사람에서 사람으로	*98*
처음 당신께 사랑한다고 말하던	*101*
우리 사랑을 했던 시절에	*105*
사랑을 안을 수 있는 거리	*108*
이별이란 말이 없는 나라	*111*
사랑은 알 수 없다	*112*
현재를 사랑하세요	*116*

4 / 비 오는 날은 자주 웁니다

우리 비 오는 날 울어요	*122*
장마가 그칠까요?	*127*
그대가 지고 나서야 사랑이었음을 알았다	*129*
그대를 사랑하면 상처받을 걸 알고 있었다	*133*
아니구나가 아니라, 아니라기에	*137*
간단한 행복	*141*
사랑은 우리가 했는데 이별은 나 혼자 하네	*142*
아픈 줄도 모르고 우리의 추억을 난도질해 댔다	*144*
그대가 헤어지자고 했을 때, 나는 사랑한다고 말했다	*146*
그대를 사랑한 건 실수였다	*149*
내가 당신을 떠났을 때	*152*

5 / 나도 울어, 너처럼

너도 울고, 나도 울어	*157*
정답은 내 안에 있어	*160*
나의 오아시스	*164*
하고 싶다면 하세요	*167*
당신, 잘했다. 잘하고 있다	*171*
한때, 애틋했던	*174*
아프지 마, 청춘이야	*177*
내 꿈은 야간 버스를 타고	*183*

6 울어도 괜찮아. 올해 산타는 쉽니다

처음 사랑을 배운 사람	*189*
잠 못 드나, 외롭지 않은 밤	*192*
자존감 지키는 법	*194*
올해 산타는 쉽니다	*196*
인간관계가 힘들 때 가져야 할 생각	*201*
절망에서 희망으로 반짝이는 것	*204*
살기 싫은 오늘이지만, 내일의 알람을 맞춘다	*207*
낭떠러지 절벽 끝에서도 꽃이 핀다	*210*
잔돈은 됐어요	*215*
모래성이 무너져도 노력은 무너지지 않는다	*219*
계절을 보내며	*224*

프롤로그

눈물이 차올라서 고개를 들었을 때,
새파란 하늘이 너무 환해서 울고 말았습니다.
울었다는 것보다 울음을 참아내야 한다는 것이
더 슬펐습니다.

우리는 태어났을 때 우렁차게 울어내며 모두를 기쁘게 했고,
우는 것만으로도 박수를 받았던 때가 있었습니다.
하지만 어른이 되어선 우는 것이 부끄럽다 여깁니다.

'울지 마.'란 말을 너무 많이 들은 탓이겠죠.
우는 것은 약한 것이라고, 저 역시 그렇게 배웠습니다.

하지만 운다는 것은 부끄러운 일이 아닙니다.
우리는 기쁨, 행복, 슬픔, 분노, 고통과 같은
다양한 감정을 겪습니다.

이 감정들을 숨기지 않고 드러내는 것은
매우 용기 있는 일이고요.

운다는 것은 당신이 강하다는 증거입니다.
그러니 우리 모두 울어도 괜찮습니다.
당신이 혼자 울 때 당신은 혼자 우는 것이 아닙니다.

당신이 더이상 혼자 울지 않기를,
울 때 더이상 외롭지 않기를 바랍니다.

🌢

우리는 모두 울어요.
나도 울고 당신도 울어요.

당신이 운다면, 이렇게 말해주고 싶습니다.

울어도 괜찮아.

나도 울어, 너처럼.

*1*_____

가끔 우리는 아이처럼 운다

우리 울자,

울어 버리자.

아이처럼.

우리 울자,

울어 버리자.

아이처럼.

우리는 운다. 아이처럼

어렸을 때, 나의 별명은 울보였다. 울지 않을 땐 돌로 조각된 듯 굳은 얼굴을 하고 있었다. 내 주변의 세상은 눈물을 흘릴 이유가 부족하지 않았다.

놀이터에서 친구들이 놀려서 울고, 넘어져서 무릎이 까져서 울고, 부러진 장난감 때문에 울었고, 때론 내 마음을 알아주지 못하는 어른들이 너무 멀게 느껴져서, 울었다.

가끔은 엄마도 울었다. 엄마는 보다 복잡한 이유로 눈물을 흘리시는 것 같았다. 어린 나는 어리둥절해하며, 그 모습을 지켜보았다.

'왜 어른들은 나와 다르게 울지?' 하며.

이제는 그 이유를 안다. 물론, 나도 알고 싶지 않았다.

어른이 된 후의 내 눈은 마치 건조한 사막과도 같다. 가슴이 말랑해지는 부드러운 감촉과 눈물의 촉촉한 느낌을 잊은 지 오래다. 감정을 억제하는 것이 강함의 표시라고 믿으며, 그것에 자부심을 갖는 것이다.

남들 앞에서 울지 않는다는 것.
아니, 내 앞에서도 잘 울지 않는다는 것.

잘 참는다는 것에 안도와 자부심을 느낀다. 내가 정말로 강하다거나, 감정을 억제하는 능력이 다른 사람들보다 뛰어나단 것이 아니다. 슬프거나 힘들지 않다는 의미도 아니다.

단지, 참는 것뿐이다. 어른이니까.
어른이 운다는 것이 부끄러운 일 같아서.
눈물샘이 아니라 눈물 댐을 쌓아 올리는 것이다.
나이를 먹는 것은 그런 것이라고.

무수한 삶의 색깔들을 경험하면서, 말로 표현할 수 없는 경험의 무게와 받아들이기 버거운 감정들이 늘어나는 것.

그 감정들을 흘려보내기 위해 눈물이 점점 더 무거워지는 것.

결국, 눈물 댐은 감정의 벽돌마다 균열을 보이기 시작했다.
눈물 댐을 무너뜨린 건 단 하나의 순간이 아니었다.
그건 압도적인 비극도, 심오한 계시도 아니었다.

그건 축적된 순간들의 흔들림이 만들어 낸 균열 때문이었다.

낯선 사람의 무례한 잣대, 스스로에 대한 자책, 일상에서 부대끼며 나는 생채기들, 내 마음처럼 되지 않는 현실, 이유 없이 힘든 날, 누구도 내 마음을 몰라줄 때. 그 작은 홈이 모여 금이 되고 금은 틈이 되었다.

문자 그대로 어느 날, 평범한 날들 중 하루였다.
여느 때처럼 퇴근 후 집으로 돌아가던 중, 하늘에서 물이 한 방울 툭 하고 떨어졌다. 예상하지 못한 비가 반갑지 않아 하늘을 올려다보았다. 그러자 보란 듯이 얼굴 위로 다시 한 방울이 툭, 하고 떨어졌다.
힘든 날이었지만, 특별한 사건이 있었던 건 아니었다. 평소와 같이 힘든 날 중 하나일 뿐이었는데.
빗방울이 몸을 때릴수록, 눈가가 뜨거워졌다. 비가 오기 전에 주저하는 이슬처럼, 처음에는 조심스럽게 그러다 빗줄기가 굵어지듯 눈물이 방울졌다.
가슴이 뻐개지듯 슬픔이 차올랐다. 결국, 눈물 댐이 무너지고 만 것이다. 벅차오르는 슬픔에 눈가가 벌게 지면서도 억지로 눈물을 삼켜내며 나는 주문처럼 외웠다.
'어른은 울지 않으니까.'

흐르는 눈물과 싸우기엔 일그러지는 얼굴로는 역부족이라 온몸이 흔들렸다.

그때 깨달았다.
어릴 적 내가 보았던 엄마의 우는 모습과 지금의 내가 닮아있다는 것을. 어른들이 다르게 울었던 이유를 말이다.

더 가차 없이 빗줄기가 쏟아지면서 결국 눈물을 참는 것을 포기했다. 그리고 목 놓아 울었다.
아이처럼.

그건 고통이나 슬픔의 눈물이 아니었고, 기쁨의 눈물도 아니었다. 그동안 참아온 모든 감정의 눈물이었다.
나는 그 눈물들을 받아들였다.

우는 것은
부끄러운 게 아니니까.

우리는 슬플 때 운다.
아이처럼.

당신도 인내하는 것이 강한 것이라 믿고 울음을 참을 수 있을 것이다.

하지만, 진정한 힘은 놓아주는 것에 있다.
우리가 약점을 받아들이고 표출할 때 더 강해진다고 믿는다.

어른이 우는 건 부끄러운 게 아니다.

그러니 우리 울자,
울어버리자. 아이처럼.

어린감

막 어른이 되었을 땐, 내 의지에 방해가 되는 말들이 귀에 잘 들어오지 않았습니다. 의지와 열정. 이 두 가지로 무엇이든 다 해낼 수 있을 것 같은 패기.

어쩌면 객기가 있었달까요. 당시 가진 재산은 스스로에 대한 믿음 하나뿐이었기에 그랬는지도 모르겠습니다.

이제는 어리다고 말하는 게 조금 어색한 나이가 되었습니다. 동생과 얘기할 때마다 동생으로부터 소위 '꼰대'라는 소리를 듣기도 합니다. 제가 속으로 '왜 저럴까. 뻔히 보이는 가시밭길을 왜 걸어갈까.' 생각하며 인상을 구길 때마다 말이죠.

가끔 동생이 잘 이해가 가지 않습니다. 그래서 하루는 "나는 도저히 네가 이해가 안 간다."라고 속내를 입 밖으로 뱉고 말았습니다. 그러자, 단단한 목소리로 "그냥 이해하고 싶지 않잖아. 어차피 이해는 필요 없어."라고 답하더군요. 아차, 싶었습니다.

그때, 동생의 상처받은 얼굴과 "누가 이해해달래?"라고 엄마한테 목소리를 높이던 어린 날의 제가 겹쳐 보였기 때문입니다.

아마도, 그날 동생은 많이 울었을지도 모릅니다. 어린 날의 저처럼요. 저는 마음으로만 울었습니다.

'이렇게 마음이 굳어져 가는 것이구나.'

그 생각에 어찌나 아찔하던지 한참 동안 마음이 어지럽다가 오랜만에 어린 시절 저의 일기장을 펼쳐 보았습니다.
14살에 쓴 일기, 그 시절의 나를 만나면 조금 이해할 수 있지 않을까 싶어서요.
일기장에서 이런 글을 발견했습니다. 한 어른을 만나고 온 후의 일기였는데요. 그 일기는 꾹꾹 눌러 적은 글씨로 이렇게 시작됩니다.

"뭘 믿고 그렇게 자신만만하니?" 그 어른의 말이었다.

그리고 이어 적힌 글에서 어린 날의 내가 보였습니다. 다소 어색한 글일 수 있지만 그대로 옮깁니다.

'아직 어리니까 좀 더 믿어 보려고요. 너무 자신만만한 거 아니냐고 할 수도 있겠죠. 그럴지도 몰라요. 하지만 나에 대한 자신이 아니라, 후회하지 않을 자신이에요. 이 믿음에 대한 대가가 무엇이든지 간에 후회하지 않을 자신이 있거든요.'

그날의 감정이 상기되니, 동생의 마음을 알 것 같았습니다.
'이해, 이해라…. 내가 뭐라고 이해하느니 마느니 떠들었던 건지.' 낯이 붉어져 고개를 한참 동안 들지 못했습니다.

차분히 페이지를 넘기며, 그 시절의 저를 읽었습니다.
그러다 진지하게 글을 써 내려갔을 14살의 소녀가 귀여워 웃음이 났습니다.

돌이켜 보면, 그날 만난 '어른'은 어두운 심보로 어린아이들의 꿈을 팔아먹는 나쁜 어른이었어요. 한마디로 '사짜'. 자신의 허풍 섞인 얘기가 잘 안 통하니 뭘 믿고 말대꾸를 하냐는 식의 말을 하던 얄팍한 그런 나이 든 사람 있잖아요.

'그런 어른이 아닌, 믿고 지지해주는 어른을 만났으면 좋았을 텐데…'

어리고 여린 날을 떠올리면 결국 이렇게 아련해지고 맙니다.
그게 곧 동생을 향한 마음이기도 합니다.

동생에게는 우려 섞인 말보다 지지가 필요할지도 모릅니다.

어린 날의 저처럼요.

아직 경험이 부족한 동생이 걱정돼서 이 소리, 저 소리 없는 것이 '잘할 수 있는지'에 대한 의심이지 뭐겠어요.

그 경험조차 나의 경험일 뿐이니까요.

동생도 하나의 인격체로서 동생만의 경험이 있을 겁니다.

어쩌면 저보다 현명하게 헤쳐나갈 겁니다.

언제까지나 모든 것에 대해서 지금처럼 늘 순수하고 솔직한 마음을 갖길 바라봅니다. 지금의 저란 사람은 엄두조차 나지 않는 감정이기 때문이죠.

어른 비슷한 게 되어 계란으로 바위도 쳐봤고, 전제를 바꿀 수 있는 힘이 없는 이상, 어떻게 해도 안 되는 일이 세상에 존재한다는 것을 알게 되었기 때문이죠.

그렇습니다. 불가능은 존재하더군요.

하지만, 덕분에 기적이 존재한다는 사실도 알게 되었습니다.

장애물에 걸려 넘어졌을 때 다시 일어서는 법을 배웠고, 넘어졌을 땐 스스로 일어나야 한다는 사실도 배웠습니다.

수십 번을 넘어져도 아픔은 익숙해지지 않는다는 깨달음은 덤이었습니다.

더 이상 아프기가 싫어서, 그래서 그래요.

노력을 많이 한 만큼 실망이 크고, 실망감은 때때로 상실감을 데려온다는 것을 우리는 이제 너무나도 잘 알기 때문이겠지요. 그렇다 보니 자신감을 느끼는 데에도 한계가 있습니다.

세상엔 노력만으로 되지 않는 것들이 있다는 걸 알게 된 까닭입니다. 인정할 건 인정하고 포기할 건 포기하고 갈 때, 빨리 간다고 느낍니다.

그걸 알아버린 지금은 도전을 할 때 후회하지 않을 자신이, 솔직히 없습니다.

'또 실패하면 어떡하지? 시간 낭비면 어쩌지?'
일이든, 관계든, 사랑이든 걱정이 미리 앞섭니다.

'후회하지 않을 자신이라니.'
어른이 된 후 갖는 자신감과는 감히 비교될 수 없는 마음입니다.

이 마음을 두고 어린감이라고 불러봅니다.
그 강력한 마음이 애련하고 부럽습니다.

어린감.
그 반짝이는 마음을 갖지는 못하더라도, 그런 마음을 가진 이들에게 최소 응원은 해줘야지 다짐합니다.

새삼 동생이 사뭇 대견하고 부러워집니다.
동생은 스스로를 믿고, 후회하지 않을 어린감으로 씩씩하게 삶을 살아가고 있으니까요.

눈가가 젖어 들던 동생의 얼굴을 한참 동안 떠올립니다.
마음 깊은 곳에서부터 이해보다 진심 어린 응원을 보냅니다.

'넌 뭘 하든 잘할 거야, 잘 해낼 거야.
언제나 그랬듯이.
네 가능성을 의심하는 이들의 말을 귀담아듣지 마.
그들은 그런 마음을 가지지 못했기 때문에, 모르는 거란다.
나는 널 믿어.
지금처럼 스스로를 믿으면 돼.
넌 잘 할 거야, 잘 해낼 거야.'

나는야 아이언맨

나는 어린 시절의 꿈을 자주 꾸는 편이다.

아장아장 걸음마를 막 뗀 어린 내가 양손으로 사과를 겨우 쥐고 부모님에게 열심히 걸어가는 꿈, 동생과 인형 놀이를 하는 꿈, 마트에 간 엄마가 저녁까지 돌아오지 않아 한참을 울며 기다리는 꿈. 늘 단편적인 이야기의 꿈을 꾸는데, 꽤나 선명해 진짜 있었던 일인지 나의 상상인지 헷갈리곤 한다.

어린 시절의 꿈을 꾸면 꿈인 줄 알면서도 기분이 좋다. 꿈속의 어린 나는 작은 손짓 하나만으로 사람들에게 칭찬과 박수를 받기 때문이다. 칭찬과 박수는 용기, 격려, 자랑스러움, 믿음, 사랑 등의 감정을 느낄 수 있게 해주고 그 에너지는 내게 어마어마한 자신감을 안겨 준다. 그로 인해 꿈속의 어린 나는 모든 걸 다 잘하는 존재임과 동시에 무엇이든 할 수 있는 무한한 가능성의 존재가 된다.

마치 아이언맨과 같은.

마음만 먹으면 하늘을 나는 것은 물론, 지구를 지킬 수도 있는 존재. 히어로 혹은 초능력자. 어쩌면 그 이상의 존재가 된 기분은 꿈에서도 꿈만 같은 일. 꿈이라면 깨고 싶지 않을 만큼 가슴 벅찬 일이다.

오늘 아침, 나는 그 어마어마한 존재에서 깨어났다.
그 기분을 좀 더 느끼고 싶어 눈을 감은 채로 다시 잠을 청하며 생각했다. '같은 꿈을 꿀 수 있을까?', '안 되지 않을까?'.
생각이 생각의 꼬리를 물었다.

그제야 나는 눈을 떴고, 꿈에서 완전히 깨어났다.
서른, 어른이란 껍데기에 갇힌 나로 눈을 뜬 거다.
눈앞의 하얀 천장을 마주했고 불안한 현실로 돌아온 순간이기도 했다. 그렇게 나는 '다시 꿈꿀 수 있을까?'라는 질문에 '안 될 것 같다.'라는 답을 스스로 내리는 어른으로 돌아왔다.

어린 시절의 꿈과 어른의 현실은 공기의 온도부터 달랐다.
코를 훌쩍이며 거실로 걸어 나와 능숙하게 커피를 내렸다.
'어른이 된다는 건, 겨우 능숙하게 커피를 내릴 줄 아는 것에 만족하는 그런 삶일까?'
꿈과 현실의 틈새에 허망함이 몰려왔다.
해보지도 않고 안 될 것 같다니.

어떤 경험들이 쌓여 날 이런 상태로 만들어 버린 것일까.
기억하지 못하는 나의 시간 속에 대체 무슨 일들이 있었던 걸까….

대상 없는 원망 위로 표정 없이 슬퍼하는 나는 그저 커피를 마신다. 뜨거워지는 속을 느끼며 위로를 받는 나는 정말 어른이 되어버린 것만 같다.

문득, 정말 날 수 있을 거라 믿고 이불을 망토 삼아 정글짐 위에서 뛰어내리던 어린 시절의 내가 떠올랐다.
'그래서 지금 무릎이 안 좋은가…'하는 생각이 들자 어처구니가 없어 웃음이 새어 나왔다.

'그땐 누가 소원을 물어보면 하늘을 날아서 지구의 평화를 지키는 것이라고 답했었지. 지금 누가 나에게 소원을 물어본다면…. 고민할 게 뭐 있어. 100억짜리 건물주가 소원이지.'

너무 빠른 결론에 멋쩍어 '그런 꿈을 꾸질 말든지…'라고 스스로 타박하다 '아니다. 100억이면 하늘도 날 수 있고 지구 평화에 이바지할 수도 있겠다. 아이언맨처럼!'이라며 뻔뻔한 생각을 해본다.
아무래도 난, 무늬만 어른인 것 같다.

누에고치처럼 변태 중이랄까.
아직 어른이 되어가는 중.

그러니까 어른으로 변태 중.

나는 자라서 내가 되었다

제가 어릴 적 자주 들은 말들 중 하나는 '넌 커서 뭐가 되려고 그러니?'였습니다. 그때마다 머릿속에 들었던 생각은, '나는 커서 뭐가 되려나?'였습니다.

결국, 하루는 이렇게 대답했습니다.

"제가 꼭 뭐가 되어야 하나요?"

진정 궁금해서 답변을 바랐던 질문이었습니다. 하지만, 기대와 달리 내게 돌아온 것은 선생님의 매였어요. 선생님은 뭐가 될 것인지에 대해 반성문을 써오라고 하셨고, 저는 그것이 한편으론 감사하기도 했답니다. 저 역시도 선생님께 할 말이 많았으니까요.

질문했을 뿐인데, 무슨 잘못으로 매를 맞은 건지 궁금했고, 대답을 듣지 못했기에 여전히 답을 알고 싶어 반성문을 이렇게 적었습니다.

저는 현재로서 미래의 일은 알 수가 없다고 느낍니다.

그런데 지금 뭐가 될지 아는 것이, 어쩌면 아는 척하는 것이 중요한가요? 그보다 제가 꼭 뭐가 되어야만 하나요?

정말 궁금합니다. '무언가가 되어야 한다.' 저는 이 말이 괴기하게 느껴집니다.

무언가가 되어도 그것은 어쨌든 저일 텐데, 그러니까 '무언가가 된 나'일 텐데, 그럼 '내'가 무엇인지 아는 것과 '무언가'가 무엇인지를 아는 것 중 뭐가 더 중요할까?

반성문을 쓰며 고민해 보았습니다. 선생님, 저는 '제가 무엇인지'를 알아야겠습니다.

그래서 저는 우선 '나'를 찾을 것입니다.

당시를 떠올려 보면 소위 사춘기였던 것 같습니다. 자아 형성기의 심각함을 넘어서 괴로운 시기. 감히 비교하자면, 상소문을 쓰는 마음이었습니다. 이 글을 쓰고 몇 대를 더 맞을지 모르고, 그 매 또한 스스로 이해 가지 않는 벌이겠으나, 그 억울한 벌을 받을 각오를 하고 쓴, 이름만 반성문인 글이었으니 말이죠.

다음 날, 조회 시간이 끝나자마자 저를 불러 반성문을 걷어 가신 선생님은 며칠 동안이나 아무런 말씀도 없으셨습니다.
 그러니 오히려 초조해진 것은 제 쪽이었죠.
 결국, 반성문을 읽은 선생님의 생각, 답변이 궁금했던 저는 선생님이 기분 좋아 보이시는 날 교무실을 찾아가 여쭤보았습니다.
 "선생님, 반성문 읽어 보셨어요?"
 그러자 어이없다는 듯 웃으며 머리를 콕 쥐어박으시며 이렇게 말씀하시더군요.
 "반성문? 너 억울하다고 쓴 그게 반성문이냐?!"

 선생님이 서랍을 열자, 서랍 안에는 최근에 걷은 우리 반 아이들의 자기소개서 종이 뭉치가 들어 있었습니다. 선생님은 그중 맨 위에 있는 자기소개서를 꺼내 책상 위에 올려놓았어요. 그것은 제 것이었습니다.
 이내 선생님은 손으로 장래 희망 칸을 가리키셨어요.

 '장래 희망 - 좋은 사람'

 "네가 뭐가 되고 싶은지 알았다. 꼭 되도록 해라. 공부는 열심히 하고."

당시 저는 멍한 얼굴로 선생님을 바라보다 고개를 숙여 인사하고 교무실을 나왔습니다. 교실로 걸어가는 내내, 가슴속 깊은 곳에서 뜨거운 것이 울렁이다 솟구치는 느낌이 들었습니다. 말로 설명할 수 없는 복합적 감정, 어쩌면 그것은 안도였을 겁니다.

 그 나이에 선생님의 말씀은 정답이었고 일종의 허락이었으니까요.

 아, 내 생각이 틀리지 않았구나.
 나는 유별나지만 틀리지 않았구나.
 나는 계속 나를 믿고 살아가도, 괜찮겠구나.

 그리고 다짐했습니다.

 나는 좋은 나로 자라나야겠다.
 기필코, 나는 내가 되어야겠다.

어른스럽다는 것

어른스럽다는 것은 어떤 의미일까?
쉽사리 대답이 나오지 않는다.
문득, 《어린왕자》에서 읽었던 문장이 떠오른다.

어른들은 숫자를 무척이나 좋아한다.
어른들에게 새로 사귄 친구에 관해 이야기하면 정작 중요한 것은 묻지 않는다.
"그 친구의 목소리는 어때? 그 친구는 무슨 놀이를 좋아하니? 나비를 채집하는 걸 좋아하니?"와 같은 질문은 하지 않는다.
"그 친구는 몇 살이니? 형제는 몇 명이야? 몸무게는 얼마나 나가니? 아버지는 수입이 얼마나 되니?"
이렇게 질문하고 친구가 어떤 사람인지 알 수 있다고 생각한다.

"당신은 수에 밝은 '어른'인가요?"라고 묻는다면, "그렇다."고 대답하는 것은 자연스러운 일일 것이다.

우리의 사회는 '평가'와 '수치화'를 기저에 두고 돌아가기에. 몇 점, 얼마 등 우리가 숫자에 익숙해진 것은 어찌 보면 당연한 일이니까.

덕분에 우리는 모두 무리 없이 수에 밝은 어른이 되었다.
특별할 것 없는 평범한 어른 말이다.
왜 꼭 수치화가 되어야만 하는지 이해를 못 해 부족한 마음을 내세우던 시절도 있었지만, 그런 순수한 마음을 내비칠 때마다 '세상을 모른다. 아직 어리다.' 등의 말을 자주 들었다.
그 말이 듣기 싫어, 하루빨리 세상을 많이 알고 수에 능한 어른이 되고 싶기도 했다.

그럼 이제 우리는 어른이 된 걸까?
어른스러운 것과 어른스럽지 못한 것의 차이를 아직 잘 알지 못하겠다.

머리로 계산기를 두드리고 마음을 저울질하는 우리는 어른스러워진 것일까?
우리는 사회에서 좋은 평가와 인정을 필요로 한다. 우리의 존재를 확장하기 위한 본능이자 삶의 원동력이기 때문이다.
이미 알게 된 것을 모르게 될 순 없으니, 우리가 다시 수를 모르게 될 순 없을 것이다.

우리가 순수해져야 한다는 이야기도 아니다.

다만, 우리 안에 수보다 먼저 자리하고 있던 것.

진정으로 내가 소중하게 여기던 것을 상기시킬 필요가 있다는 얘기다.

이젠 기억조차 나지 않을 수 있는, 그 빛나는 조각을 우리의 안에서 찾아야 한다. 세상을 있는 그대로 바라보던 또 다른 눈이 우리의 마음속에 있었다는 사실을 떠올려 보는 것이다.

바로 마음의 눈을. 보는 눈에 따라 세상은 완전히 달라 보이기도 한다. 똑같은 풍경화를 보고 어른은 시세를 떠올린다면 아이는 나비를 떠올리는 것처럼.

수를 보더라도 그 이면의 진정한 아름다움을 볼 수 있다면, 세상은 더 풍요로워질 테니까.

마음의 눈으로 세상의 아름다움을 마주하자.

다시, 크게 떠보는 것이다.

우리가 감아버린 마음의 눈을.

파도가 두렵지 않습니다

　　　　　흐르는 듯 흐르지 않는 마음을 가지고 있습니다.
가끔 예기치 않은 큰 파도가 칠 때마다 생각합니다.
　'풍파를 거뜬히 겪어내기 위해서 우리의 마음에 얼마나 더 큰 강이 흘러야만 할까.'
　너울진 파도에 일상은 흔들립니다. 몇 번의 파도를 겪다 알게 된 것이 있습니다. 파도의 요동침으로 마음이 범람하고 더 큰 강이 만들어지면서 새로운 흐름이 만들어진다는 것.

　그 여운으로 마음이 흘러간다는 사실을요.
　재밌는 건, 더 큰 강이 흐르면 그만큼 더 큰 파도가 친다는 것입니다.

　먼저 재밌다고 썼지만, 웃기지 않은 아이러니입니다.

　알 수 있는 건 살아가는 동안, 아마 이것은 하나의 패턴처럼, 계속해서 흔들리고 휘청일 거란 사실입니다. 또 알게 된 것 중 다행인 것은 머무르는 것만이 평온이 아니라는 것.

삶은 언제나 중간이 없답니다.

시끄러워야 조용해지고 올라가야 내려오고 빨라야 느려지는 게 삶이랍니다.

그것까지 알아버린 이제는 파도가 두렵지 않습니다.
어쩌면 반갑기까지 합니다.

흐르는 듯 흐르지 않는 마음을 가지고 있습니다.
그리고 여전히 생각합니다.

'우리의 마음에 얼마나 더 큰 강이 흘러야만 할까.'

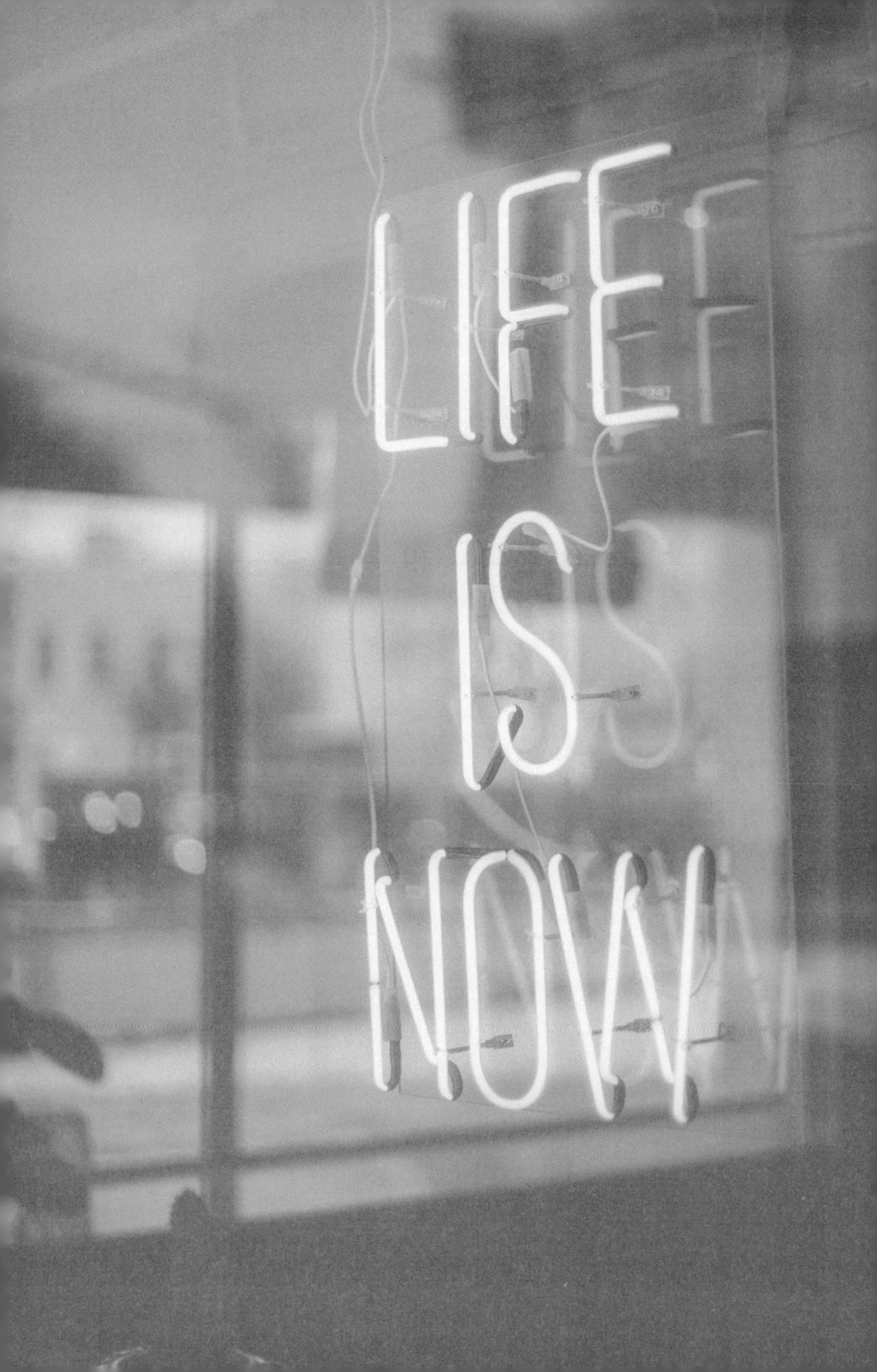
LIFE
IS
NOW

무기력한 그대에게 전하고 싶은 말

　　　　　　그림자가 절망의 무게와 어우러지는 그대의 마음 한구석. 그 고요한 곳에서 그대를 바라봅니다. 세상의 무게가 그대의 영혼을 휘게 하는 순간들 속에서, 투쟁하는 그대를요.

　아무도 그대의 고통의 깊이를 이해할 수 없다는 생각이 들고, 고립감을 느낄지도 모르겠습니다.

　그러나, 그대는 결코 혼자가 아닙니다.

　오르기에는 너무 가파른 것처럼 보이는 산들과 건너기에는 너무 멀어 겁이 나는 강들 앞에서, 누군가는 여정의 모험심을 느끼며 도전을 즐기지만 누군가는 무력감을 느끼고 있을지도 모르지요.

　그러나, 혼자가 아닙니다. 저 역시 짙은 안갯속에서 길을 잃은 듯한 기분이 들었던 시기가 있었습니다. 이처럼 많은 누군가가 안갯속에서 길을 찾았듯이, 그대도 마찬가지로 길을 찾을 것입니다. 무기력한 누군가에게, 희미하더라도 빛의 깜박임이 되기를 바라는 마음으로, 도움이 되었던 방법 몇 가지를 전하려 합니다.

1. **연약함을 느끼기**
   내 안의 균열을 인정하는 겁니다. 모든 상처는 우리가 치열했다는 증거이며, 생존의 흔적입니다. 우리의 힘은 우리가 승리한 전투에 의해 결정되는 것이 아니라, 계속해서 생존하는 노력에서 정해집니다. 상처가 많다면 그대는 그대의 생각보다 꽤 강한 사람입니다.

2. **생각이 정확하지 않을 수도 있다는 것을 기억하기**
   인지왜곡은 사건을 잘못 해석하고, 잘못된 결론에 도달하게 만들고, 완전히 틀린 것들을 믿는 뇌의 방식을 말합니다.
   우리가 무기력함과 같은 어려운 감정을 처리할 때, 우리의 뇌가 항상 그대에게 진실만을 말하지 않는다는 것을 기억하는 것이 중요합니다.

   '달라질 수 있는 건 없어.' 혹은 '나는 영원히 이 상태일 거야.' 이런 부정적인 생각의 굴레에서 나와 좀 더 현실적인 견해를 가지려고 노력하는 것이 중요합니다.

   물론, 이렇게 사고방식을 바꾸는 것은 매우 어렵습니다.
   하지만, 이에 대해 생각해 보고, 시도해 보는 것은 상황을 바꾸는 첫 단계입니다.

3. 제어할 수 있는 것에 집중하기

쉽게 바꿀 수 없는 것들에 대해 생각하며 너무 많은 시간을 할애하면 무기력감이 커지기 쉽습니다. 바꿀 수 없는 것들에 집중하면 오히려 패배감만 커질 수 있습니다.

대신 우리가 보다 쉽게 바꾸기를 시도할 수 있는 것에 대해 생각해 보세요.

욕실 청소 또는 설거지, 꽃에 물 주기와 같은 작은 것들부터 시작하는 것이죠. 꼭 실천하지 않더라도 생각을 하는 것만으로, 자기에게 어떤 능력이 있다고 느끼게 될 것입니다. 더 큰 주체감을 갖고 변화를 만들기 위해 노력할 동기와 에너지를 얻을 수 있습니다.

4. 장점 메모하기

자신만의 독특한 재능, 강점, 능력을 적는 것이 큰 도움이 됩니다. 노트, 핸드폰, 무엇이든 좋습니다. 불안감이 들 때마다 본인의 장점을 떠올리고, 메모하세요. 어렵다면 가끔 내킬 때 메모했다가 나중에 꺼내보는 것도 도움이 됩니다. 자존감이 올라가고, 동기 부여를 얻는 좋은 방법입니다.

5. 무력한 생각이 들 때, 생각 전환하기

무력한 생각들과 감정들이 들 때, 그 감정에 너무 빠져드는 것보다는 그것들보다 더 선명해서 힘이 있는 생각들을 떠올리는 것이 도움이 됩니다. 반대되는 상황의 기억을 떠올려 무력감에 반박하는 것이죠.

예를 들어, 만약 그대가 특정한 목표를 성취하려고 노력하는 것에 대해 무력감을 느낀다면, 이전에 마음먹은 어떤 것을 성취했던 때를 생각해 보는 거예요.

그것이 어떤 것이든지요.

6. 감정이 흘러가는 대로 내버려 두기

답답하거나 울어버리고 싶을 때가 있다면, 감정이 흘러가는 대로 한바탕 울어버리는 것도 좋습니다.

안에 쌓여있는 감정의 쓰레기를 표출해 버리는 것이니, 꼭 필요한 일이기도 합니다.

절망의 바로 그 가장자리에 있는 자신을 발견했을 때, 모든 것이 상실된 것처럼 보일 때, 도움을 요청해도 괜찮다는 것을 기억하세요. 그것은 결코 우리를 나약하게 만들거나 작게 만들지 않습니다.

용기를 내는 우리를 오히려 강하게 만듭니다. 다른 사람에게 기대고, 우리의 짐을 나누면서, 위로를 받고 우리는 괜찮아질 수 있습니다.

해가 뜰 때마다, 상처가 치유되고 길을 찾을 수 있다는 약속을 바라는 데에 희망이 있습니다.

기억하세요.
누군가가 안갯속에서 길을 찾았던 것처럼,
그대도 마찬가지로 길을 찾을 것이라는 걸.
매일, 매일, 조금씩 괜찮아질 거라는 걸.

2
———————————————

누구나 운다

우리
그러기로 해요.

잘 울고,

잘

존재하기로.

잘 우는 법

인생이 복잡하고 아름다운 혼란과 같다고 느낍니다. 그 혼란 속에서, 우리는 종종 순수한 기쁨과 깊은 슬픔의 순간들을 마주하는데, 그때마다 눈물이 터지곤 합니다.

저는 눈물이 단지 생리적인 반응이 아니라, 우리의 존재,
어쩌면 본질에 대한 증거일지도 모른다고 여기고 있습니다.

태어나는 순간, 우리가 처음 해낸 것이 울음이었으니까.
우리 모두 '응애, 응애.' 하며 힘껏 울어댔으니까.

그래서인지, 극한의 순간에서 결국 꼭 울음이 터져 나오곤 합니다. 그건 본능이잖아요.
그러니, 정말, 우리의 본질일지도 모른다고.

세상은 우리에게 참으라고, 그것이 강한 것이라고 그 진실된 감정을 감추라고도 말하지만, 저는 이렇게 생각합니다.
'존재를 감출 수 있나?'

그러니까, 본질을 숨길 수 있나, 하고요.

저는 오히려 울음의 철학을 고찰해 봅니다.

더, 더, 잘 존재할 수 있는 방향을 찾으려 노력합니다. 어떻게 하면 '잘 울 수 있을까?' 하고. 어쩌면 잘 우는 것이 예술이나 철학이 될 수도 있을 것처럼, 깊이 고민해 보기도 합니다.

잘 존재하기 위해.

1. 눈물을 받아들이기

첫 눈물이 맺히기 전, 깊은 고요함이 있다.

마치 폭풍이 오기 전의 순간처럼 그 고요를 받아들이자.

그리고 깊이 호흡하자.

2. 감정의 타당성을 인식하기

기쁨, 슬픔, 좌절감 또는 압도감 등 어떤 감정이든 괜찮다.

당신이 느끼는 모든 감정이 타당하다는 것. 바로 그 감정을 인식하는 것이 중요하다.

우리가 우는 것은 '너무 민감한 것'이 아니고, '과민 반응'도 아니다. 만약 당신이 울고 싶다면, 그것은 당신이 처한 상황에 대한 당신의 진정한 반응이다.

눈물이 나는 감정의 타당성을 인지하자.

3. 눈물의 이유를 알고 성찰하기

눈물은 감정을 명확하게 만들어 준다. 우리가 왜 우는지 알 때, 우리는 잘 울 수 있다. 후회나 반성의 감정이 들 때 역시 눈물은 우리의 마음의 얼룩, 타인의 앞에서 종종 쓰게 되는 가짜 얼굴을 씻어내 준다. 그러면서 우리는 마음이 정리되고, 상황이 선명히 보인다.

우리가 진정으로 누구인지에 대해 생각해 보는 계기로 받아들이자.

4. 감정 놓아주기

잘 울기 위해서는 감정을 놓아주어야 한다.

방해받지 않고 흐르는 강처럼.

모든 눈물은 이야기, 감정, 기억을 수반한다. 어떤 눈물은 기쁨의 것이고, 한 방울의 웃음이 담긴 것이고, 어떤 눈물은 슬픔에서 온 것이거나, 너무나도 깊은 고통의 울부짖음일 수도 있다. 가끔은 설명할 수 없이 눈물이 흐르기도 한다.

그 감정의 문을 제대로 열고 감정을 눈물로 흘려보내자.

5. 편안한 장소 찾기

만약 눈물이 날 것 같은데, 불편하다면 우리는 잘 울 수 없다. 편안한 장소를 찾는 것이 좋다. 내 방, 조용한 공간, 만약 공공장소에 있다면 심지어 화장실도 괜찮다.

불편하게 우느라 과호흡이 오고 얼굴을 잔뜩 찡그리는 것보단 조금이라도 편안하고 조용한 장소를 찾아 꺼이꺼이 울어 버리는 것이 좋다.

6. 깊이 숨쉬기

울기 시작할 때, 호흡에 집중하자. 감정에 압도될 때, 우리의 몸은 긴장되고 호흡은 종종 얕아진다. 하지만 깊은 호흡이 눈물의 촉매제가 된다. 우리의 몸은 호흡의 양을 기억하기 때문이다. 호흡이 잘 안되면 달리는 것도 좋다.

특히나 감정이 벅찰수록 깊고 꾸준히 숨을 내쉬는 것이 도움이 된다. 후- 하고 내쉬며, 당신이 짊어지고 있던 그 무게를 내보내는 것이다.

7. 울고 난 뒤, 회복 시간을 갖자

따뜻한 물을 조금씩 마시고, 세수를 하거나 잠을 자는 것, 진정시키는 음악을 듣는 것도 기분 전환에 도움이 된다. 실컷 배출하고 나서 한 번 감정을 정리시켜 주자.

운다는 것은 자연스러운 인간의 반응입니다.
나이, 성별, 이유에 상관없이 우는 건 아주 괜찮습니다.
눈물은 우리가 깊게 감정을 느낄 수 있는 능력의 증거이며, 약함을 받아들이는 강함입니다.

감정을 관리하는 법을 아는 것이기도 하죠.
모든 것을 털어놓으세요.
그것이 눈물 한 방울이든 격렬한 오열이든,
두려움 없이 몇 번이고 울어버리는 겁니다.

기억하세요.
눈물은 마음을 정화하는 과정이란 것을.

우는 것은 우리의 본질을 경험하는 철학적인 행위이고,
스스로 내면의 감정과 소통하며 나를 성찰하는 시간이며,
더욱 진실한 감정 표현입니다.

그러니, 우리의 존재로서 울어버립시다.
울고 싶을 때면, 기회라 여기고 부디 존재합시다.
이왕이면, 펑펑, 꺼이꺼이 더 잘 울어버리는 거예요.

우리 그러기로 해요.
잘 울고, 잘 존재하기로.

우리는 관계에 상처받는다

어느 날 밤,
관계가 틀어져 버린 선배를 만났다.

 작은 맥주 가게에서 마시지도 못하는 술을 마시면서까지 내가 그 선배를 만났던 건, 아마 눈치가 없어서였다. 눈치가 없어서 관계가 틀어지고 있는지도 알지 못했고, 관계가 완전히 멀어지고 나서도 눈치채지 못해 그 선배가 연락을 피하는 이유를 정말 단지 바빠서라고 여겼다.

 답장의 날카로운 한 문장을 통해 무언가 잘못 되었음을 눈치챘을 땐, 대책 없이 마음을 베였다. 꽤 가까운 사이였던 그 선배에게 아무래도 많이 의지했던 모양인지 마음이 많이 다쳤다.

 가을이라기엔 상당히 추웠던 그 어느 날 밤, 유난히도 사람이 없었던 작은 맥주 가게, 무거운 마음만큼 입이 쉽사리 떨이지지 않았던.
 나는 몇 번이고 속으로 자책만 해대고 있었다.

'남들보다 한 발 느린 건지, 남들보다 한참 무딘 건지…….
　　　　　　　　　　멍충이, 멍충이.'

그렇게 스스로를 탓하다, 후회한다는 말을 이렇게 뱉었다.

"전엔 선배가 나에게 너무 많은 걸 바란다고 생각했어."
"그땐 차라리 너에게 애정이 있었으니까."

'내가 눈치채지 못한 것이 또 있었구나.'

관계에 무심했던 사람과 결국 관계를 놓아버린 사람 사이의 대화였다. "상처받고 싶지 않았어."라는 어린 변명이 이어졌고, "그래서 나는 상처받았어."라는 여린 고백이 돌아왔다.

그렇게 한참이란 시간 동안 고요가 흐르던 밤, 자꾸만 눈이 시려 혼이 났던 밤.

나는 동네를 몇 바퀴나 돌아 겨우 집으로 돌아왔다. 내 탓이라고 생각했기에 서운해하는 나 자신이 싫었다. 서운함은 바랄 수밖에 없는 관계에서 느끼게 되는 어쩔 수 없는 감정이다.

'어쩔 수 없다.'라는 걸 알면서도 느낄 수밖에 없는 속상함.

애정과 믿음을 가졌던 만큼의 실망감.

서운해하면서도 '어쩔 수 없다.'라고 생각했다.
'어쩔 수 없다.'라는 걸 알면서도 서운했다.

우리는 모든 걸 알 수 없으면서 이해하려 한다.

다만, 조금 슬플 뿐이다.

마음을 쓴다는 것에 대하여

관계에 있어 당연한 건 없다는 사실을 배운 건 얼마 전의 일이다. 인생에서 다섯 손가락 안에 들 만큼 소중히 여기던 친구가 있었다. 그 친구에게 시간을 내고, 조금이라도 친구가 편할 수 있게 배려하며 나는 그렇게 마음을 썼다.

반면 친구는 아무렇지 않게 약속을 취소하고 내가 연락하지 않으면 먼저 연락하지 않는 등, 나에 대한 배려를 느끼기 힘든 아이였다. 나만 혼자 붙잡고 있는 관계 같다는 생각이 들었다.

부딪힌 기억이 없는데 마음에 멍이 들어 있었다.

관계의 줄다리기에서 한쪽만 애를 쓰니 상대가 손을 놓으면 나만 다치는 것은 어쩌면 당연한 결과였다.

관계에 다쳐보니, 내가 먼저 손을 놓았던 이들의 얼굴이 떠올랐다. 상처 준 줄도 모르고 상처를 줬던 사람들.

'아, 이런 마음이었겠구나.'

누군가 나에게 마음을 쓰는 것은 그 사람의 사정이라고,
나와는 상관없다고, 눈 돌렸던 무책임한 시간들이 있었다.

그 시간에서 나는 타인의 노력을 외면했다. 타인의 마음은 그저 타인의 것이니 배려와 노력도 타인의 것일 뿐이라고. 내 마음 하나 편하자고 이기적으로 생각했다. 내가 원한 적 없으니 내 책임이 아니다. 이 생각은 무책임을 넘어서 오만이었다.

나는 그 사람의 마음에 손 안 대고 상처를 낸 격이었으니까.
처음부터 이 관계에 마음을 쓰지 않을 것이니,
상대에게도 마음을 쓰지 말라고 알려줬다면,
혼자 끙끙 앓을 일도, 다칠 일도 없었을 텐데….
후회를 대가로 얻은 깨달음이었다.
공짜로 유지되는 관계는 없다.
지금 내 옆에 있는 소중한 사람들은 나를 위해 마음이라는 걸 쓴다.

주지 않아도 주게 되고
받지 않아도 받게 되는 어쩔 수 없는 것.

그게 마음이다.

인생 지침서

모든 것에 있어서 늘 처음은 조심스러웠고, 위태로운 행복에도 마냥 감사했고 현재밖에 보지 않았다. 현재만이 중요했던 것은 아니었는데 현재를 감당해 내는 것만으로도 벅찬 것이 이유였다. 당장 눈앞밖에 보이지 않았고, 부족한 경험 탓에 마음이 가는 대로 끌려다니기 바빴다.

머리는 멈춰버리고 온몸으로 부딪히며 모든 일을 겪어냈다.
일도, 인간관계도, 사랑도 본능에만 의존하고 감정에 충실했다. 감정에 충실하다는 건 멋진 말처럼 들리지만, 위험한 일이더라.
내가 쓸 수 있는 한계치를 모두 다 써버리는 것이기에.
자동차로 치면 전속력으로 달리는 것과 같다.
요령 없이 무작정 앞으로 달릴 줄만 아는 것.

그래서 나는 일에,
인간관계에, 사랑에 있어서
자주 크게 다쳤다.

그때, 생각했다.
인생에도 지침서 같은 게 있으면 좋겠다고.
하지만, 애석하게도 그런 건 없었다.
직접 부딪쳐서 알아내야 하는 일들이 대부분이었다.

직접 경험해 봐야만 깨닫게 되는 것들.
최소한의 안전장치도 없이 부딪혀야 하는 게 어른의 첫걸음이었다. 처음 알게 된 것은, 안전장치가 없으면 사고가 나도 크게 다친다는 것. 특히나 조건 없이 충실한 사람은 정말 크게 다칠 수 있다. 삶이 흔들릴 만큼.

내가 처음 다쳤던 일은 사람 때문이었다. 내가 상대에게 충실하다고 해서 상대도 나에게 충실한 건 아니란 사실을 알게 된 일이었다. 덕분에 나의 마음과 상관없이 상대는 충실하지 않은 정도가 아니라 어쩌면 내 뒤통수를 칠 수도 있단 사실까지 알게 되었다.

내가 인생의 지침서로 여기는 것 중 첫 번째가 바로 여기서 배운 것이다.

| 인생지침서 1번
덜 아프기 위해 관계에서도 최소한의 안전장치는 해야 한다.

모든 것에는 '적당히'가 안전하다는 것. '적당히'를 안전장치 삼아 처음엔 조심스러운 태도로 상황을 지켜보는 것이 좋다. 후에는 상황에 맞게, 지치지 않을 만큼만 진심인 편이 좋다. 어차피 나에게 최선은, 남에게 최선이 아닌 경우가 많기에.
간단히 말하자면, 내가 상대에게 100을 줘도 상대는 50밖에 되지 않는다고 느낄 수 있으며 상대가 나에게 50은커녕 아무것도 주지 않으면서 되레 100을 더 내놓으라고 하는 기막힌 경우가 꽤 많다는 얘기다.

이 사실을 알고 있는 것만으로 우리는 위험을 감지할 수 있다. 그리고 '적당히'라는 안전장치를 통해 우리는 덜 다칠 수 있다.

| 인생 지침서 2번
건강을 챙기자.

나 대신 돈을 벌어줄 사람은 구할 수 있어도 대신 아파줄 사람은 구할 수 없다.

우리의 몸은 소모품이다. 아껴 써주어야 오랫동안 잘 쓸 수 있다. 균형 잡힌 식사, 규칙적인 운동, 그리고 충분한 수면을 우선시하자.

▍인생 지침서 3번
시간이 돌아오지 않는다는 걸 명심하자.

일을 하고 돈을 버는 것이 중요하지만, 시간이 있으면 언제든 할 수 있다. 하지만, 시간은 무엇으로도 대체할 수 없다. 물질적인 것을 신경 쓰더라도, 의미 있는 순간들을 꼭 챙겨야 한다. 루틴을 만들어서 취미, 휴식, 그리고 사랑하는 사람들과 시간을 보내는 삶의 균형을 갖자.

▍인생 지침서 4번
삶은 언제나 괜찮을 것이다.

인생은 예측할 수 없고, 지금 모든 답을 가지고 있지 않아도 괜찮다. 어차피 실수와 좌절은 피할 수 없다.

그것들을 두려워하지 말고, 성장하고 배울 수 있는 기회로 여기는 편이 낫다. 삶의 특성 중 하나는 탄성력이다. 원래 향하던 방향으로 다시 향하려는 힘이 있다.

지금은 잠시 내 삶이 안정적인 궤도에서 튕겨져 나가있더라도, 천천히 다시 제자리로 돌아오게 된다는 것.

나에게 멘토는 책이었다. 인생을 통틀어 세어보자면, 적어도 만 권의 멘토가 있었던 것 같은데, 인생은 역시 실전이었다. 글로 배운 것만으로 실전을 미리 대비하기엔 역부족이었지만, 넘어졌을 때 나는 덜 불안했다.
그것이 내가 얼른 일어서 다시 걸어갈 수 있는 가장 큰 이유였다.

나는 당신이 내가 제시한 지침서를 읽고 실패하지 않을 거라고 생각하지 않는다.
다만, 나중에 당신이 넘어졌을 때, 덜 불안하길 바란다.
그러면 삶은 언제나 괜찮을 것이다.

인생 지침서 5번
나만의 지침서 만들기.

우리는 그럴 때마다 자신만의 경험으로 만들어 놓은 지침서를 꺼내 다시 되새겨야 한다.
'전에 이런 경우가 있었지.', '무방비 상태에서 서투른 대처로 크게 다쳤지.', '이렇게 행동했을 때, 괜찮은 엔딩을 맞이

했지.'와 같은 데이터 말이다.
자신만의 빅데이터로 이루어진 지침서를 만들자.

█ 인생 지침서 6번
희망을 갖고 이를 믿는 것.

내가 읽은 책 속에는 전부 예쁘고 멋진 말밖에 없었다.
예쁘고 멋진 말만 기억에 남는 것일지도 모르지만, 책 속에선 삶의 밑바닥조차 아름답게 느껴지는 경우가 많으니까.
소설 속의 주인공은 최악의 상황을 맞이한 것 같다가도 언제나 그 나름의 해피엔딩을 맞이하고, 나는 어쨌든 해피엔딩이란 사실만을 기억했다.
어쩌면 학습한 것일지도 모르겠다.

하지만 현실에서 일어나는 사건 중 해피엔딩은 거의 찾아볼 수 없더라. 되려 해피엔딩 같다가도 나락으로 떨어지는 일이 참 많았으니까.
그리고 과거형의 순간들은 쉽게 잊힌다는 것.
더군다나 인생은 똑같은 패턴의 반복이 아니라서 비슷하지만 새로운 상황을 마주하게 된다.
그래서 삶이 쉽지 않은 것이다. 과거의 실수는 곧잘 잊히고 고난과 역경은 늘 새로운 얼굴로 우리를 찾아오니까.

우리는 새로운 고난 앞에서 다시 우왕좌왕하며 지금, 이 순간이 처음인 것처럼 인지한다. 그리고 비슷한 실수를 반복한다.
앞서 말했던 것처럼, 나는 책을 통해서 해피엔딩을 학습했다. 그리고 거기엔 아주 큰 장점이 있었다.

그건 바로 희망.
내가 자연스레 희망을 학습했다는 것이다.
실수가 반복되고,
동화 같은 해피엔딩은 흔치 않은 현실이지만,
그럼에도 불구하고,
'어쨌든, 해피엔딩이지 않을까'하는, 희망.
나는 수많은 책들처럼, 우리의 엔딩이 꽤 근사한 해피엔딩이 될 거라는 이 '희망'을 믿는다.

지금 조금 힘들더라도, 아직 엔딩은 남아있으니까.
당신의 인생도 어쨌든, 해피엔딩일 것이다.

자존감 낮은 사람과 자존감 높은 사람의 차이

　　　　자신도 모르는 사이 우리는 타인에게 곧잘 상처를 주곤 한다. '꼭 상처를 줘야지.' 마음먹고 일부러 하는 행동이라기보다는, 마음속 깊숙이 자리한 뾰족한 마음을 불쑥하고 내미는 것이다.

남에게 상처를 주는 사람들을 보면, 대부분은 자신을 지키기 위해서 뾰족하게 구는 경우가 많다.

상처를 받지 않기 위해서, 상처를 주는 쪽을 택하는 것.

때론 공격이 최선의 방어이기도 하니까.

하지만, 이에 대한 종이 한 장 차이의 변주도 있다.

바로 남들보다 우위에 있다고 느끼고 싶어서 다른 사람을 깎아내림으로써 우월감을 느끼는 사람들이다.

이는 자존감이 낮은 사람들이 가장 많이 하는 행동이다.

예를 들면 이런 식이다.

A : B, 머리 잘랐어?
B : 응. 어제 잘랐어. 어때? 괜찮아?

A : B는 긴 머리가 훨씬 나은데, 머리 빨리 길러.
B : 많이 이상해?
A : 이상할 정도는 아닌데, 별로야. 긴 게 훨씬 나아.
    왜 잘랐어.
B : 그런가…….

 자존감이 낮은 A는 B의 자존감을 내려쳐서 자신의 '자존감 허기'를 채운다.
 자존감이 결여된 이들이 그 결핍을 채우기 위해 다른 이들을 공격하는 일은 주위에서 쉽게 볼 수 있다. 소위 꼬여있다고 하는 이들이 그런 경우이다.

 그렇다면, 자존감이 높은 사람들은 어떨까?
 자존감이 높은 사람은 누군가 자신에게 어떤 평가를 해도 좌지우지되지 않는다. '내가 좀 부족한가? 날 싫어하나?'와 같이 휘둘리지 않는 것이다. 때문에, 타인이 자신의 의견을 구하더라도 '네가 좋은 게 좋은 거지.', '네 생각이 제일 중요해.'와 같은 말을 자주 한다.

 이렇게 자존감이 높은 사람들은 남들의 시선이나 평가에 개의치 않을뿐더러, 행여 나를 싫어한다고 해도 '싫어하든가 말든가'라며 타인의 의견에 큰 의미를 두지 않는 태도를 갖는다.

A : C 요즘 피곤해?
C : 아니, 요즘 컨디션 좋은데?
A : 근데 피부가 왜 이렇게 상했어? 다크서클도 심하고.
C : 그래? 걱정해 줘서 고마워.
A : 시술 한 번 받아봐.
　　C 너는 그것만 해도 어려 보일 것 같아.
C : 나이 먹는 건 자연스러운 건데 어려 보여서 뭐 해.
　　난 지금 내 모습에 만족해.

자존감이 높은 사람인 C는 A가 자기 얼굴을 평가하고 무례할 수 있는 말을 했음에도 이에 동요하지 않는다. 타인의 입장과 나의 입장을 구분 지어 판단하고 이를 상대에게 전달할 줄 아는 것이다. 이는 무례한 이들에게 대처하는 하나의 방법이기도 하다.

　'Hearing'은 하되 'Listening'은 하지 않는 것.
　소리를 들어는 주지만, 새겨듣지 않는다는 것이다.
　타인의 생각에 휘둘려서는 안 된다는 의미다.

도움이 되는 조언은 참고하되, 이유 없이 나를 깎아내리는 저평가는 무시하는 편이 좋다. 이점은 자존감에 있어서 굉장히 중요하다. 동료가 내 인사를 받아주지 않는다고 해서, 상사가 나를 인정하지 않는다고 해서, 타인이 나를 사랑하지 않는다고 해서 내가 상처받을 이유도, 남을 미워할 이유도 없기 때문이다. 직장 선배, 후배와의 관계, 가족, 애인 관계에서도 마찬가지이다. '바쁜 일이 있겠지.', '사정이 있겠지.', '날 좋아하지 않는데도 어쩔 수 없다.'라고, 이렇게 생각하는 것이 자존감 건강에 이롭다. 타인의 입장과 나의 입장을 구분 지어서 생각하는 것. 자존감이 높은 사람은 타인이 자신을 깎아내리는 행동을 해도 큰 타격을 받지 않는다. 타인이 나를 평가하는 것 자체를 신경 쓰지 않기 때문이다.

누구나 사랑받기를 원하지만,
누구에게나 사랑받을 수 없다는 사실을 기억하자.
모든 사람에게 사랑받을 수 없으며,
누군가는 나를 싫어할 수도 있다는 진실을 받아들여야 한다.
그리고, 주문처럼 이렇게 말하는 것이다.
'그럴 수 있지.'

자존감을 지키기 위해서 가장 중요한 것은
타인과 나를 구분 지어서 생각하는 것이다.

남은 남이고, 나는 나니까.
나를 지키는 것은 바로 '나'니까.

미워하지 않을 수 있다면

문득, 소설 데미안의 문장이 떠오릅니다.

"우리가 누군가를 미워한다는 건, 바로 우리 자신 속에 들어앉아 있는 그 무언가를 미워하는 것이다."

미움이란 마음은 사실 우리 안에 존재하고 있다는 의미입니다. 당시 글을 읽을 땐 깨달았음에도 불구하고, 저는 누군가를 미워하는 마음에 자주 이유를 붙였습니다.
'성실하지 않아서.', '상냥하지 않아서.'
귀한 깨달음을 제대로 받아들이지 못한 것이었죠. 이처럼 아무리 귀한 것을 주어도 받는 사람이 그 가치에 무지하면 그것은 무가치한 것이 되어 버립니다.
그러던 어느 날 '내 감정은 내 것'이라는 걸 깨달은 날이 있었습니다. 그 순간, 섬광처럼 머릿속에 그 문장이 지나가더군요.

"우리가 누군가를 미워한다는 건, 바로 우리 자신 속에 들어앉아 있는 그 무언가를 미워하는 것이다."

그날은 누군가가 싫은 행동을 한다고 해서 꼭 그 사람을 미워할 필요가 없단 사실을 느낀 날이었습니다.

그래봤자, 나만 힘들 뿐이라는 생각이 들어서였습니다.

그때부터였어요. 누군가를 미워하는 일이 자기 정당화를 하기 위함이라고 여기게 된 것은요. 더 이상 미움에 이유를 붙이지 않기로 한 일입니다.

여전히 누군가가 '불호'일 수 있습니다.

하지만, 이제는 '좋지 않다.', 혹은 '싫다.'라는 감정에서 멈추고는 합니다. '싫다.'라는 감정은 사실, '후-' 불면 날아가는 낙엽 같은 마음입니다. 싫다 말면 그만이니까요.

하지만, 미움은 열매와 같아서 우리의 안에 싹을 틔웁니다.

그 악한 마음이 점점 커져가니 우리의 마음이 힘들어지는 것이죠.

우리의 감정은 우리가 정할 수 없지만, 우리의 마음은 우리가 정할 수 있습니다.

대신 감정은 버릴 수 있지만, 마음은 버릴 수 없습니다.

그것이 우리가 마음을 아름답게 가꾸어야 할 이유입니다.

평생 우리 안에 품고 살아가야 하니까요.

그러니 우리 미움을 굳이 마음에 심지 말도록 해요.
누군가가 싫다면,
그 감정을 잘 분리해서 잘 버리도록 해요.

누군가에게 정만 떨어지는 게 어디인가요.
구태여 미워하지 않을 수 있다면야.

행복한 사람 되는 법

1. 일상에서 즐거움 찾기
   행복은 가장 단순한 것에서 발견됩니다. 아침의 고요한 산책, 갓 끓인 커피 한 잔의 향기, 조용한 오후에 부드럽게 바스락거리는 잎사귀들. 일상 속에서 행복을 찾는 것은 꾸준히 행복할 수 있는 아주 좋은 방법입니다.

2. **건강한 루틴 만들기**
   신체적인 행복과 정신적인 행복 사이에는 깊은 연관성이 있습니다. 행복한 사람들은 규칙적인 운동, 균형 잡힌 식사, 그리고 충분한 수면과 같은 건강한 습관을 갖는 경우가 많습니다. 몸이 안정적이면 뇌에서 좋은 호르몬을 내보기 때문입니다.

3. **마음 챙기기**
   끊임없이 과거나 미래에 대해 걱정하기보다는 자신의 마음을 잘 챙기고, 현재에 집중해서 일상의 즐거움을 음미하세요. 물질적 편안함이 행복을 증진시킬 수 있지만, 행복한 사람들은 진정한 행복이 물질적 소유에서만 오는 것이 아니라는 것을 이해합니다. 물질적인 것들을 소유하는 것보다 나의 마음을 잘 소유하는 것이 더 중요합니다.

4. 감사하는 마음 갖기

자신이 가지고 있지 않은 것에 대해 한탄하기보다는, 정기적으로 자신이 가진 것에 대해 감사를 표현하세요. 이 연습은 심지어 어려운 상황에서도 긍정적인 관점을 유지하도록 도와줍니다.

행복은 다면적이고 모든 사람들에게 다르게 보일 수 있습니다. 행복으로 향하는 경로 역시 다를 수 있지만, 행복은 모두가 원하는 목적지입니다.

인생에서 행복을 찾는 것은 지속적인 여행이기도 합니다. 그렇기에 여행 중 여러 변수와 기복이 있더라도 긍정적인 태도를 갖는 것이 중요합니다.

기억하세요.
행복은 무료이고, 조건이 없답니다.

내 편인 사람

고향에 내려가게 될 때면, 나는 이동 수단으로 고속버스를 자주 탄다. 비행기나 KTX도 있지만, 버스가 주는 낭만이 있어서 시간을 내 버스를 타곤 한다.

그렇게 3시간 반이 걸려 고향에 도착해 버스에서 내리는 첫걸음. 그 걸음에 가슴이 뛴다.

본가에서 시간을 보내고 서울로 돌아올 때쯤이면, 저절로 은근히 서운한 마음이 든다. 가족들의 인사와 함께 집을 나서면서도 쓸쓸한 마음이 든다.

한 번은 터미널에서 미리 예매한 티켓을 발권하는데, 표가 나오지 않는 일이 있었다. 그래서 터미널 직원에게 문의를 드리니 서울행이 아니라, 고향으로 오는 표를 끊었단다. 표를 반대로 예매했던 것이다.

어찌나 황당한 실수였던지, 아직도 잊을 수가 없는 사건이다. 한참을 멍하니 있다가 다시 엄마에게 전화를 걸었다.

엄마에게 상황을 설명하자, 엄마는 나를 놀리더니 어서 집으로 오라고 했다.

"어서 집으로 와."

어서 집으로 오라는 말.
그 말이 참 든든해서 좋았다.
언제든 돌아갈 곳이 있는 것 같아서.
언제든 날 두 팔 벌려 환영해 줄 가족이 있는 것 같아서.
언제든 날 받아줄 내 편이 있어서.
꽤 오랜 시간을 독립해서 지냈음에도,
가족이 있는 곳이 여전히 집처럼 느껴진다.

다시 발걸음을 돌리며, 난 이제 막 고향에 도착한 사람처럼 다시 마음이 설렜다.
엄마의 목소리에도 반가움이 묻어 있었기 때문이다.

그 일 이후, 지금도 티켓을 예매할 때면 괜히 긴장을 하곤 한다. 혹시나 잘못 예매하진 않았을까, 몇 번이나 확인을 한다.

그날의 설렘을 기억하며.
내 편의 든든함을 마음에 새기며.
방향을 잘못 가게 되더라도, 돌아갈 곳이 있으니까.

나에겐 내 편인 사람들이 있으니까.

결국, 삶이 고마워지는 일

세상을 살아가면서 여러 경우의 수들을 접하다 보니 경험이 많아질수록 수에 밝아집니다.

삶에도 일련의 수와 방정식, 계산이 있다는 것을 알게 되었고, 시간이 흐를수록 이 숫자들에 더 적응하게 된 것입니다.

덕분에 나만의 범위와 기준값이 생기기도 했습니다.

그러나 삶엔 항상 변수가 있습니다. 변수가 생긴다는 것은 아직도 세상을 모른다는 것입니다. 그리고 세상을 모른다는 건, 마음이 요동치는 일입니다. 세상을 알 것 같다고 느낄 때마다, 아직도 모르는 것이 너무 많다는 것을 상기시켜주는 것이죠.

이처럼 우리의 삶은 참으로 예측할 수 없는 알고리즘으로 움직인다고 느낍니다. 다소 역설적이게도, 변수를 만날 때마다 상수에 대해 더 잘 알게 되었습니다.

삶의 변수는 우리가 안정을 갈망하게 만듭니다.
저 또한 다르지 않습니다.

삶에서 변하지 않는 것들로부터 안정을 찾고,
위안을 받습니다.

엄마의 음식, 친구의 웃음, 내 손에 잘 익은 책과 같은 일상적인 것들. 저는 이것을 삶의 상수라고 표현하고 싶습니다. 삶에 거센 파도가 칠 때, 우리를 안정적으로 잡아주는 닻처럼 느껴지기 때문이죠.

늘 곁에 있는 사람들, 언제나 소중한 사랑들.
그 변함없는 사랑과 존재가 삶의 변수들을 견딜 수 있게 만들어 주는 것이죠.

이제 저는 삶의 변수보다,
삶의 상수를 더욱 중요하게 여깁니다.

갖지 못한 것들이 아니라 이미 내 곁에 있는 것들.
나의 일과 나의 사람들.
일상의 소중함을 알게 되는 것.

결국, 삶이 고마워지는 일.

3
———————————————

우리가 울었던 그 밤은 비밀로 합시다

같이 울어줄 수 있는 사람

사람이 사람 앞에서 울 때, 보통 두 가지 반응이 있다. 눈물을 그치게 하기 위해 노력하는 사람과 충분히 울 수 있도록 도와주는 사람.

눈물을 그치도록 도와주는 사람은 주로 문제를 해결해 주려고 애쓰거나, 밝은 감정이 들게끔 만들어 주려 노력한다. 그리고 충분히 울도록 도와주는 사람은 특별히 무언가를 하지 않는다.

그저 울 시간을 줄 뿐.
어느 것이 맞고 틀리고는 없을 것이다.
다만, 우리가 우는 이유는 무언가를 원하는 마음보다는 마음이 너무 벅차서가 아닐까.
마음이 부족해서가 아니라 너무 넘쳐서.
극도로 기쁘거나 슬플 때 눈물은 감정의 출구가 아닐까 하고 말이다.
극한의 감정을 느낄 때, 우리에게 필요한 것은 감정의 해방이다.

너무 슬퍼서, 너무 아파서,
너무 행복해서, 너무 사랑해서.

마음이 벅찰 때는 울라고, 그래도 된다고.
그래야 마음도 숨을 쉬고 산다고.

그 감정의 숨통을 트이게 해주는 사람들이 있다.
사랑하는 이가 웃을 때 같이 웃어주고,
울 때 함께 울어주는 사람.

함께 숨을 쉴 수 있는 사람.
우리가 꼭 그런 사람이길 바란다.
살면서 우리가 필요한 것은 공감이니까.

내가 힘들 때 내 손을 잡아줄 수 있는 사람.
내가 울 때 말없이 같이 울어줄 수 있는 사람.

진심을 말해

몇 해 전 함께 벚꽃 놀이를 갔던 공원에서 그가 말했다. 늘 말이 없고 모든 게 다 괜찮다고만 하던 그는 큰 바위같았다. 나는 그 돌 같음이 우직하기도 했고, 가끔은 너무 단단해 살짝만 부딪혀도 아플 것 같다고 생각했다.

그는 항상 말과 행동이 다른 사람이었는데, 괜찮지 않아 보여 '괜찮아?'라고 물으면 언제나 한결같은 대답이 돌아왔다.

"괜찮아."

처음엔 그가 정말 괜찮은 줄 알았다. 가끔 수면 위로 그의 불안정한 감정이 드러날 때마다 나는 그의 마음을 알고 싶어서, 그 감정을 더 끌어내려고 애썼고, 그럴 때면 그는 늘 감정을 드러내는 말은 의식적으로 피하는 듯해 보였고, '괜찮아.'라는 말 대신 이렇게 말했다.

"모르겠어."

그런 그가 참, 무거웠다.

이리 밀고 저리 밀어도 움직이지 않고, 시도하면 시도할수록 내 살갗만 벗겨지는 무거운 바위처럼 느껴졌다.
그 커다란 바위가 사실은 빙산의 일각이란 걸 깨닫게 되었을 때, 너무 막연한 마음에 눈물이 왈칵 쏟아지고 말았다.
그런 나를 보며 그가 겨우 입을 열었다.

"무슨 말을 해야 할지 모르겠어."

"진심을 말해."

소리 없는 대답은 대답이었을까.
응답 없는 응답은 대답이었을까.
진심 없는 진심은 진심일까.
무너진 건 나뿐이었을까.

이제 와 그 무언이 어쩌면 대답이었을지도 모른다고
진심이었을지도 모른다고 담담히 대신 답했다.

사람은 진심에 약하다.
진심에 무너진다.

사랑은 기적

       수많은 사람 중에 하나였던 두 사람이 만나 평범한 일상이 특별해지는 것, 사랑.

시간을 들여 서로를 알아가고 맞춰가다 서로에게 단 하나뿐인 존재가 되는 것.
그렇게 서로에게 유의미한 존재가 되면, 그 사람의 말 한마디에 기대를 하고, 행동 하나에 의미를 부여하게 된다.

누군가의 이름 석 자를 떠올리는 것만으로 오늘의 날씨를 흐림에서 맑음으로 바꾸는 기적이 일어난다.
누군가의 미소가 내 심장을 뛰게 만드는 특별함이 평범한 일상에 피어나는 것이다.

애정이 깊어질수록 의미가 깊어진다.

맛있는 음식을 먹을 때 떠오르는 사람, 가장 좋아하는 영화를 함께 보고 싶은 사람이 있다면 당신도 시작된 것이다.

스스로 중요하게 여겨왔던 것들이 그 사람 앞에선 아무것도 아닌 게 되는 경험을 했다면, 애틋하면서도 설레는 마음이 공존할 수 있는 마법 같은 일이 수시로 펼쳐진다면,
사랑이 시작된 거다.

더 이상 수많은 사람 중에 한 사람이 아닌, 세상에서 단 하나뿐인 사람으로 탈바꿈되는 아름다운 일이.
사랑이, 시작된 것이다.

가끔,
이해가 되지 않는 상황이 생기더라고 그 순간을 즐기자.
두려워하지 말고, 머리로 판단하려 하지 말자.
사랑은 머리로 하는 것이 아니다.
마음으로 하는 것이다.

당신이 사랑에 빠졌다면,
그 감정에 흠뻑 빠져들기 바란다.
어쨌든 지금 당신이 느끼는 감정을 이성적으로 설명할 수 없지 않은가.

함께 있는 순간이 최고의 순간이고,
눈앞에 있는 존재를 한순간도 놓치고 싶지 않은 그 마음을.

그것은 당연한 일이다.
내가 사랑하는 사람이 나를 사랑하는 일은 기적이니까.

사랑은 기적이기에.

행복은 멀리 있지 않아

시계가 똑딱거리는 소리가 공간에 울려 퍼졌다. 내 손에는 편지 한 통이 들려있었다. 시계의 리드미컬한 소리는 내가 인생의 계절들을 지나며 경험한 감정의 썰물을 떠올리게 했다.

내 안에서 감정이 빠져나가던 순간들을.

감정이 만들어 내는 결정체가 있다고 생각하면, 그것은 눈물일 것이다.

특별한 일이지 않은가.
우리의 얼굴 아래 감추어진 슬픔부터 기쁨까지의 감정이 구름처럼 가슴에서부터 모여들면, 결국 눈물이 방울져 툭 하고 떨어져 내리는 것이다.

서울의 아주 조용한 카페였다. 그곳에서 나는 창문으로 미끄러져 내리는 빗방울들로 시선을 옮겨 바라보며 앉아 있었고,

빗방울 하나하나가 서로를 따라 떨어지면서 흘러가는 길을 예측할 수 없었다.

우리가 흘린 눈물, 그리고 그것들이 우리 삶에서 의미하는 예측할 수 없는 여정을 떠올리게 했다.

나는 속으로 생각했다.
"모두가 다 같은 언어로 울까?"
"눈물의 맛이 모두 똑같을까?"

내가 그녀를 만난 것도 이런 날과 비슷한 날이었다.

그녀는 빛났고, 그녀의 웃음은 기분 좋은 바이러스처럼 주변을 전염시켰고, 그녀의 눈물은 마음이 아팠으며, 공감의 폭이 넓었다.

그런 그녀가 그날, 내 마음 가까이에 속삭인 것은 내가 그날 이후 마음속에 품게 된 취약한 순간이 되었다.

"우리는 모두 울었습니다. 우리는 모두 웁니다. 우리는 모두 울 거예요. 때때로 우리 자신을 위해서가 아니라, 타인을 위해서, 세상을 위해서. 그러나 기억하세요, 밤이 여명의 빛으로 접어든 것처럼, 그 눈물 이후에, 행복은 멀리 있지 않습니다."

행복은 멀리 지평선에 도달하는 것에 있지 않고,
마음에 가까운 작은 순간들을 인식하고 포용하는 것에 있다는 그녀의 삶에 대한 철학은 단순했다.
폭풍우가 지나가길 기다리는 것이 아니라 빗속에서 춤을 배우는 것이었다고, 그녀는 종종 말하곤 했다.

"손님, 커피 한 잔 더 드릴까요?"
카페 직원의 목소리에 몽상에서 깨어난 나는 현실로 돌아왔다.

나는 내 앞에 놓인 빈 컵을 바라보며 고개를 끄덕였다.
그것은 마치 우리가 슬픔의 가장 깊은 고통을 겪는 동안 느끼는 감정들과 같았다.

우리가 슬픔에 휩싸였을 때 느끼는 공허함.
물기 한 방울 남아있지 않은 건조함.
자리하던 무언가가 없어진 것과 같은 상실감.

그러나 따뜻한 커피가 그 빈 컵 안에 쏟아지면서,
나는 무언가를 깨달았다.
추위를 떨쳐버리는 따뜻함은 우리가 흘릴 모든 눈물에 온기를 드리우는 행복과 같다는 것.

행복은 이미 우리의 안에서 존재하고, 눈물을 인정하고 포용하기 위해 먼저 기다리고 있다.

멀리 있는 것이 아니라, 바로 옆에, 우리 안에 있다.

빈 컵이 다시 채워질 수 있듯,
우리의 마음도 마찬가지일 것이라고.

공허함은 영원하지 않고, 비어있는 마음은 우리의 가장 어두운 순간에도 항상 더 밝은 미래에 대한 희망이 있다는 것을 상기시켜 주는 역할을 한다는 것.
슬픔은 일시적인 것이고, 행복은 우리를 다시 채워주기 위해 곧 다가온다는 것을.
그러니 우리는 슬픔 가운데서도 다시 한번 그 잔이 채워질 수 있다는 것을 기억해야 한다.

우리의 아픔과 슬픔 위로 행복이 채워질 것이라는 희망을 안고. 빈 컵과 같은 빈 마음은 절망의 상징이 아니라 희망과 더 밝은 미래의 상징이라는 것을.

낮이 밤으로, 밤이 낮으로 바뀌며 이 철학은 나의 가슴 깊이 **뿌리를 내렸다.**

가끔 가슴이 공허할 때마다, 그 깨달음이 두근거리는 에너지를 느꼈다. 동시에 고독은 희망을 기다리며 그리는 화폭이 되기도 했다. 깊은 밤의 네온 빛, 벚꽃을 나르는 돌풍, 새벽의 고요함 속에서 멀리서 울리는 기차 경적 하나하나가 이 이중적인 두근거림을 증명해 주었다.

지금 울어도 괜찮다고, 말해주었다.

이 거대한 대도시에서, 사람들은 길을 건너기도 하고, 그들의 이야기가 잠시 서로 얽혀 있다가 헤어지기도 한다.

하지만 그 잠깐의 상호작용 속에서, 서로가 나누는 시선 속에서, 말하지 않는 말들, 참았던 눈물, 그리고 솔직한 웃음 속에서, 진실은 남아있었다.

행복은 결코 멀리 있지 않다는 것.

서울의 아주 조용한 카페, 석양의 황금빛 색조가 서서히 하늘을 칠할 때, 나는 편지를 바라보고 있었다. 그 익숙하고 섬세한 필체는 틀림없이 그녀의 것이었다. 그날 그녀에게서 깨달음을 얻은 말과 매우 흡사한 그녀의 문장이 마음에 와닿았다. 그녀는 푸른 계곡을 보기 위해 눈 덮인 봉우리들을 지났던 최근의 여행에 대해 이야기하고 있었다.

'지금 운다는 것은, 행복이 멀리 있지 않다는 것이다.'

상처는 사람에서 사람으로

나에겐 별거 아니라고 생각했던 것이 상대에겐 별거인 경우가 있고 나에게 별거라고 생각했던 것이 상대에겐 별거 아닌 경우가 있다.

그 사실을 모르고 넘어가면 다행인데 나에게 별거가 상대에게 별거가 아니란 사실을 알았을 때, 우리는 상처받는다.
굳이 안 해도 될 말들.

"너는 애가 왜 그러니."
"너는 그게 문제야."
"그건 네가 이상한 거야."

이런 말들은 우리가 단단한 겉모습을 보이도록 강요하고,
우리의 약점을 스스로 감추도록 만든다.
우리를 구태여 괜찮은 척하게 만드는 것이다.

해야 하는데 굳이 안 하는 말들도 있다.

"내가 오해했어."
"내가 잘 몰랐어."
"그땐 내가 미안했어."

우리는 다른 사람의 고통을 인정하는 것보다 연약한 자아를 더 보호하는 경향이 있다.
결국 그것이 더 쉬운 길이니까.

몇 년 전만 해도 사람에게서 받은 상처가 아물지 않아,
그 상처로 인한 방어기제가 컸다.

아물지 않은 상처는 자꾸 아프다.
처음이 아니라고 해서 덜 아픈 것이 아니더라.
같은 곳에 생채기가 나니 오히려 덧이 나기도 한다.
그렇게 계속 덧나던 상처를 보호하기 위해 사람을 밀어내던 중, 일터에서 좋은 사람을 알게 되었다. 너무 깊은 배려로 나를 당황스럽게 만들던 사람.

너무 고마워서 마음껏 받을 수 조차 없던 나로선 그 마음이 부담스럽기도 했었다.
동료로서 점점 더 많은 시간을 함께 보내면서, 이 사람의 따뜻함은 내가 영원히 아플 것이라 생각했던 상처를 치료하고, 진

정시키는 역할을 했다. 한때는 또 다칠까 두려워 경계했던 곳이 동료의 끈질긴 배려로 인해, 마음이 편안해졌다. 마치 오래 지속되는 상처 위에 조심스럽게 붕대를 감은 것처럼.
 지속적으로 괜찮다는 사실을 인지하게 되니, 점차 안심이 되는 기분도 들었다.

 사람에게 받은 상처가 다른 사람들을 경계하게 했지만, 다른 사람의 친절함을 통해 사람에 대한 신뢰를 재발견했다는 것은 역설적인 일이었다.
 사람에게 받은 상처 때문에 사람을 경계했는데, 계속되는 호의와 배려로 사람 덕분에 안심할 수 있다니….
 사람으로 상처가 치유된 매우 고마운 일이었다.

 그러니 사람에게 받은 상처는 꼭 사람으로 치유되어야 한다.

처음 당신께
사랑한다고 말하던

친애하는 당신에게.
처음 당신께 사랑한다고 말하던 나를 기억합니다.
'처음'이라는 특별함 때문이었을까요.
제 심장은 태어나서 처음 뛰어보는 것처럼
어찌할 바를 모르는 것 같았습니다.

처음 당신께 사랑한다고 말하던 날을 기억합니다.
당신과 만나기로 한 그곳에서 한 시간을 기다리면서도
'참으로 완벽한 날이야.'라고 중얼거렸지요.

당신이 좋아한다던 한용운의 인연설.
태어나 처음, 누군가를 위해 시를 외웠던 저녁이었습니다.
지는 노을을 바라보다 아직 입에 다 안 붙은 시가 저 노을과 함께 '사라지면 어떡하나.'
시를 잊어버리면,
당신도 나를 잊어버릴까.

여러 감정에 벅차 입술까지 떨렸던, 나의 모습만은 선명히 기억하고 있습니다.

슬쩍 시선을 돌려 눈앞에 당신을 보았을 땐,
머릿속이 백지장처럼 하얘졌습니다.
수없이 연습한 덕에 입술이 절로 시를 읊었지요.
'고맙다.'는 당신의 말에 진심이 전해진 것 같아 가슴이 벅차,
저도 모르게 눈물이 흘렀습니다.

마치 내가 가져선 안 될 마음을 가진 것 같았어요.
'사람이 이렇게까지 행복해도 되는 것일까.'
겁이 났으니까요.

그 밤, 이 행복의 대가가 무엇이든 달게 받겠다고,
믿지도 않는 신께 고백했던 밤을 기억합니다.

그날 우리의 앞날은 아무것도 알지 못했지만, 당신과 나눈 그 마음만은 영원히 잊지 못할 것이란 걸 예감할 수 있었습니다.

이제는 한용운의 인연설은 까맣게 잊었지만,
그날의 예감처럼 그 마음만은 기억하고 있습니다.

사랑한다는 말을 당신에게 할 수 있어서
참 행복했던 그날을,

처음 당신께 사랑한다고 말하던 나를 기억합니다.

우리 사랑을 했던 시절에

우리 사랑을 했던 시절이 있었다.
사랑이 무엇인지도 모르면서
사랑이라고 말하던 내가 있었다.

지금도 나는 그것이 진정 사랑이었는지 알 수 없다.
사랑은 계속 변하니까.
처음, 그 시절, 내가 아는 사랑은 그랬다. 물불 안 가리고,
앞뒤 안 가리고 그 사람만 보였던 마법에 걸리는 것.
마치 첫사랑 영화 같은.

훌쩍 커버린 우리는 첫사랑을 소재로 한 영화를 보며 공감하고 좋아하지만, 현실에서 누군가 당신이 첫사랑이라며 달려든다면 좋아할지 모르겠다.

그런 첫사랑은 영화 속에서 존재할 때나 아름다운 법이라며, 현실에서 순진한 사랑은 해피엔딩은커녕 피곤하다고 여길지도 모른다.

보기에만 좋은 관상용일 뿐이라고.

지금의 나에게 사랑은 함께 걸어갈 행선지를 확인하는 것이다. 서로의 목적지를 공유하고 서로의 기준에 맞춰 상대방과 협의점을 찾고 서로가 같은 마음인지 비교하며 끊임없이 확인하는 것이 내가 배운 사랑이다.

이처럼 사랑은 변한다.
내 감정에만 빠져 물불 안 가리고 앞뒤 안 가리고,
그 사람만 보였던 마법은 다시 일어나기 어렵겠지.

그때로 다신 돌아갈 수 없겠지.
그건 '처음'이기 때문에 가능했던 일이니까.

나에게 첫사랑은 마지막 석양과 같았다.
이글거리며 저물어 가는 해.
그 노을 진 하늘을 바라보며
불안했던 마음만은 아직도 선명해,
당시에 이미지와 함께 뇌리에 박혀있다.

언젠가 이 석양을 잊게 될까,
시간이 흐른 뒤 잊게 된다면 스스로가 싫고, 싫어질 거라고.
처음이라 서툴러 시간을 원망할 줄 밖에 몰랐던,
그 무지가 두려웠던 어린 나는 아직 그 자리에 서 있다.

모르면서 모르는 것을 걱정하던 나는
눈에 힘을 주며 그곳에 서 있다.

눈을 깜박이는 것만으로도
시간이란 필름 속에 우리의 영화를 찍어내듯.
그렇게 다 담고 싶어서 눈물이 차오를 때까지
넘칠 듯이 당신이란 풍경을 바라보다 깜박,
너를 보다 깜박.

시간이 느리게 흘렀으면 좋겠다고,
빈 적 없는 소원을 빌어본다.

"만약 숨을 천천히 쉰다면 시간이 느려지겠지. 모든 게 다 멈췄으면 좋겠어. 그러면 우린 이렇게 평생 함께 있겠지. 숨을 천천히 쉰다면 시간이 느려지겠지."

나는 가끔 그날을 꿈꾼다.

첫사랑 영화 같은,
우리 사랑을 했던 시절을.

한바탕 꿈을 꾸고 일어난 때는 이미 석양이었다.

사랑을 안을 수 있는 거리

"잠시 손을 놓고 걸어요. 우리."

내가 말했고 그 사람은 이해하지 못했다.
잠시 손을 놓고, 함께 걷고 싶었다.
손을 놓아도, 고개를 돌리면 그 사람이 있다는 것.
손을 뻗으면, 그 사람의 손을 잡을 수 있다는 것.
사랑하는 사람과 걷기에 완벽한 거리.
그 든든한 마음을, 서로 나누어 갖고 싶었다.

사랑엔 적당한 거리가 필요하다.
사랑의 온도는 체온과 같아서 너무 뜨거우면 열이 난다.
마냥 꼭 껴안고 있을 수만은 없는 일이라는 것이다.
우리의 사랑은 적당한 온도로 유지되어야 한다.

바람이 지나갈 수 있는 적당한 거리.
내가 사랑하는 사람이
내가 인지하는 정확한 그 거리에 존재할 거라는 믿음.

언제나 그 자리에 머물 것이라는,
날 떠나지 않을 거라는.

그래서 사랑을 한다는 건,
기분 좋은 온도를 내내 느끼는 일이기도 하다.
추운 밤이 온다 해도 외롭지 않다는 사실을 알게 되는 것.

손 내밀면 닿을 수 있는,
사랑을 안을 수 있는 거리를.

이별이란 말이 없는 나라

사랑이 커질수록 이별이 두려웠다. 자다가도 불안함에 일어나 뜬눈으로 밤새 '이별'이란 단어가 없는 나라를 찾았다. 얼마나 검색했던 걸까. 동이 틀 때쯤 나는 찾는 것을 포기했다.

이별이라는 단어가 없는 나라로 가고 싶었다. 그럼 우리 중 누구도 이별을 입에 올리지 않을 테니까. 그런 나라가 있다면, 그 나라에서 우리는 이별을 하지 못할 것 같았다.

그런 나라가 없다면 국어사전이라도 바꾸고 싶었다.

사람은 말을 따라간다. 그러니까 이별이란 말이 없으면, 그런 말을 배우지 않는다면 우리는 이별이 없는 세상에서 살게 되지 않을까.

그런 나라가 없다면 그런 별로 가고 싶다고 여겼다.

밤하늘을 수놓은 별들 중에 적어도 하나쯤은 그런 별이 있을 것이라고, 나는 기어이 그 별로 가겠다고.

그 믿음은 나의 불안을 잠재운다.

그러니 우리, 이별이란 단어가 없는 곳으로 가자.

한번 사랑에 빠지면 절대 헤어지지 않는 별로 떠나자.

사랑은 알 수 없다

인생에서 계속 궁금했던 건 사랑이었습니다.
'사랑이 뭘까?'

 제가 알던 사랑은 이런 것이었어요. 그 사람의 목소리에 기분이 바뀌는 것, 그 사람의 한마디, 행동 하나에 가슴이 설레고, 나의 하루가 그 축을 중심으로 회전하는 것. 침대에 누워서 천장을 쳐다보면 떠오르는 얼굴이 바로, 사랑 같았어요.

 가슴이 너무 벅차서 온몸에 힘이 빠져버리는 것.
 그 신비로운 경험, 그게 사랑이었어요.
 간단히 말해서 다 좋았어요.

 사랑은 좋은 것들로만 가득 찬 아름다운 것이었어요.
 네, 그것이 사랑에 대한 나의 순진한 정의였습니다.

 하지만 사랑을 해본 분들은 아실 겁니다. 사랑은 간단하지 않다는 것을요. 감정과 감정 사이가 복잡함으로 가득 차 있고,

고민해야 할 감정과 감정들로 가득 차 있습니다. 사랑은 감당해야 하는 것이 많은 커다란 감정이니까요.

   이를 알게 된 이후 연애를 하기 위한 조건들이 늘어났고,
   경험을 통해 배운 그 조건들은 내가 감당할 수 있는 것들이었어요.
   하지만, 경험을 통해 사랑은 점점 더 복잡해지고,
   순수함은 줄어들었습니다.

   그때부터 사랑이 무엇인지 다시 모르겠더군요.
   나이가 들면 알 수 있을 거라 믿었는데, 여전히 사랑이 무엇인지 모르겠습니다.

   그래서 다시, 사랑이란 무엇일까요?

   때때로 심장이 너무 격렬하게 뛸 때, 무슨 감정 때문인지 헷갈릴 때가 있습니다.
   기뻐서인지, 슬퍼서인지, 두려워서인지 분간이 서지 않을 때가 있지요.
   사랑이 그랬습니다.
   마냥 좋았다가도 가슴이 철렁 내려앉는 순간들이 찾아왔죠. 어느 날은 모든 것이 완벽해 보였다가, 다음 날은 압도적인 불안감이 들기도 했습니다.

사랑에 빠진 동안의 감정들은
롤러코스터를 타는 것처럼 느껴졌습니다.
하루에도 몇 번. 계속되는 의심은 덤이었죠.
'이게 좋은 일인가, 아닌가?'

그게 사랑의 혼란이었어요.
그래서 알게 된 것은,
경험을 통해 얻은 근사치들뿐입니다.

예컨대 이런 것들,
사랑은 외로움과 동의어이고 행복은 고통과 동의어라는 것.
사랑은 감정과 관련된 동의어의 목록들,
언어의 목록들을 확장시킵니다.

또 알게 된 것은
사랑은 이별의 가장 친한 친구라는 것입니다.

더 많은 시간이 흐르고, 알게 되는 것들이 많아진대도
어쩌면 결코 결정적인 정의에 도달하지 못할 것입니다.

사랑은 끝내 이해하기 어려운,
미지의 어떤 것이니까요.

사랑이 무엇인지, 늘 탐구하지만
사랑은, 알 수 없어요.

하지만, 확언할 수 있는 것이 하나 있습니다.

사랑을 모르기 때문에,
우리는 마지막 숨을 쉴 때까지
사랑을 간절히 원한다는 것.

현재를 사랑하세요

처음 사랑에 빠지는 그 순간을 좋아합니다. 서로가 서로를 이해하려 노력하고, 하나라도 더 배려하고 싶어서, 상대의 마음에 들고 싶어 스스로를 확인하는 그 간지러움을 좋아합니다.

누구든 사랑을 시작할 때, 이 마음이 영원했으면 바랍니다.
하지만 시간이 흘러 서로가 익숙해지고 조금은 당연해졌을 때, 우리는 자신이 편한 대로, 자신을 위해서 행동하기 시작합니다. 노력으로 잘 맞춰놓았던 톱니바퀴가 처음과 달리 삐걱거리고 부딪히기 시작하죠.

결국, 이는 서로에게 상처가 되기도 합니다.
좋아하는 마음만으로 우리는 쉽게 '달라지겠다.', '노력하겠다.'는 약속을 하고 나름의 노력을 하기도 하지만, 서로가 기대하는 노력의 정도에 미치기란 매우 어렵습니다.

그렇기에 문제는 대부분 여기서 생깁니다.

내가 상대에게 바라는 노력과 상대가 행하는 노력의 간극을 이해하지 못하는 경우가 많기 때문입니다. 그래서 상대가 노력을 별로 하지 않는다고 느끼게 되고, 기대보다 부족하기에 다시 같은 이유로 실망하게 되며, 다시 다툼에 이르게 되기도 합니다.

같은 이유로 또다시 어긋났다는 생각이 드는 상황에 처하게 되는 모든 연인들은 선택의 기로에 놓이게 되죠.

'힘들지만 계속 만나거나, 힘들지만 그만 만나거나.'

깨진 관계를 회복하고 싶다면 방법은 하나입니다.
상대의 현재를 받아들이는 것.
맞춰보고 따져보기보단,
내가 안고 가야 할 사람이라고 여기고 수용하는 것.
사랑이란 명분으로.

이해해 보려 아무리 노력하고, 달라지려 애써도 본성은 바뀌지 않는다는 사실까지도 말입니다.

처음과 달라진 모습에 사랑이 변한 것이라 느껴지고,
사람이 변한 것이라 느껴질 수 있지만, 아닙니다.
현재가 원래의 모습이고 처음이 달랐던 겁니다.

사랑의 시작과 비교하지 마세요.
그 생각을 멈출 수 없다면, 감히 말할 수 있겠습니다.
사랑의 시작이 오류였던 겁니다.
사랑을 시작할 때, 우리는 상대방의 마음에 들기 위해 자신이 아닌 상대가 좋아할 만한 모습을 보여주는 경우가 많습니다.

그건 사랑이라기보다,
사랑을 위한 연극일지도 모릅니다.
그렇다면, 연애 기간 동안 연극이 계속되어야 할 것입니다.
하지만 연극은 언젠가 끝나기 마련이죠.

그러니, 처음부터 자신의 모습을 있는 그대로 보여주는 것이 중요합니다.

지금의 당신으로서, 당신의 현재를 보여주세요.
눈앞에 있는 그 사람의 현재 모습을 바라보세요.

그리고, 이 사람을 사랑하는지 스스로 대답해 보세요.
만약, 대답이 '그렇다'고 한다면,

그 사람의 현재를 사랑하세요.

이는 시작이란 마법을 '이해'에 쓰는 것과 같습니다.

한 사람의 인생을 지나 현재의 그 사람을,
그 사람의 현재였던 모든 시간을 사랑하는 것.

매 순간을, 우리의 현재를 소중히 여기는 일.
우리에게 주어진 현재를 사랑하는 일.

현재를 사랑하세요.

4
_____

비 오는 날은 자주 웁니다

우리 비 오는 날 울어요

먼지투성이의 낡은 서점에서 우연히 발견한 글귀가 하나 있다. 낡은 철학책 한 권의 여백에 새겨져 있던,

'눈물의 춤 속에서, 행복은 그 리듬을 찾아낸다.'

그곳은 시간이 정지해 있는 것처럼 보이는 고요한 동네, 고개를 들면 이리저리 얽혀있는 전깃줄 사이 초승달이 빛나고 주변으로는 현대적인 갤러리들이 자리한 서울의 독서당로에서였다. 그 역설적인 배경 속에서, 나는 행복의 수수께끼 같은 문장을 만났다.

조도가 낮은 희미한 노란 불의 서점 밖으로 빗방울 소리가 정적을 채우기 시작했다. 그 리듬이 먼 기억처럼 아득히 들려오며, 원초적인 감정이 불러일으켰다.

'그래. 하늘도 울지.'
가장 단순한 진리가 가장 심오할 때가 많다고 했던가.

'우리는 운다. 모두가 운다.'

나는 안락의자에 앉아 빗소리에 마음을 맡겼다. 빗소리에 맞춰 눈물 한 방울이 뚝뚝 떨어졌고, 도리어 마음이 편해지는 역설적인 본성에 묘한 쾌감을 느꼈다.

카타르시스.

마음이 춤을 추는 듯했다. 기묘한 감정이었다.

눈물을 흘릴 때마다, 슬픔이 한 조각 분출되어, 기쁨이 조금씩 스며들 수 있는 공간을 만드는 것처럼 느껴졌다.

그렇게 울고 나니, 마음이 한결 편안해진 기분이 들었다.

'비 온 뒤에 땅이 굳는다.'는 속담처럼.
눈물을 흘리면 우리의 정신이 단단하게 회복된다고.
그게 눈물의 목적일지도 모른다.
깨끗이 마음을 씻어내고, 행복의 기반을 마련하기 위해서.
꽤 일리 있는 말이라고 생각했다.
행복은 종종 눈물 뒤에 찾아오니까.

눈물은 행복의 반대가 아니라,
오히려 행복의 전조라는 것을.

하늘이 희끗희끗해지며 비를 내릴 때마다,
나는 그 문장을 떠올린다.

'눈물의 춤 속에서, 행복은 그 리듬을 찾아낸다.'

비가 내리고, 땅이 굳고, 선명한 무지개가 떠오르고, 새로운 해가 떠오르는 행복의 리듬. 그 리듬을 통해 삶을 풍성하게 만드는 것이 우주의 방식일지도 모른다고.

잔뜩 흐린 하늘이 더 이상 우울해 보이지 않고, 오히려 희망적으로 보이며, 더 좋은 날들에 대한 약속처럼 느껴졌다.

비 오는 날의 빗소리가 마치 하나의 음악처럼 들린다.
그리고 이렇게 생각하곤 한다.

'하늘도 우는구나. 행복해지려고.'

그러니, 우리 비 오는 날 울어요.

비가 오는 날은
참 울기 좋은 날이니까.
곧 행복해지기 좋은 날이니까.

장마가 그칠까요?

당신의 이름을 발음해 봅니다.

몇 시일까.
나는 깨어있는 걸까 깨어있지 않은 걸까.
깨어있지 않는 것은 살아있지 않는 것과 닮은 것일까.
모든 게 아득해져 가는 오후, 단 하나의 장면이 떠오른다.
좋아하는 장면 하나 때문에 자주 꺼내보는 영화처럼,
인생도 그런 것이겠지…….
가장 좋아하는 하나의 장면으로 괜찮다 다독이는 것,
원래 무언가를 좋아한다는 마음은
단 하나의 이유에서 시작되는 것이 아니던가.

'사랑'에서 시작된 생각은 시간과 함께 흐른다.
꽤나 강렬해 지나가는 것이라 느껴진다.
그렇게 우리는 사랑을 지나 어디론가 가는 것이겠지.

그 종착지 역시 사랑일까?

잠깐, 사랑이 있나? 있기나 한가.

그 발음만이 선명해 마음이 서운해져 생각의 발걸음을 돌린다. 시간은 계속 지나간다. 시간의 낭비가 사치스러운 것이 퍽 마음에 들어 생각을 오역해 본다.

내가 원한 건 이런 게 아니었어요.
다가가려던 노력은 멀어지고 있어요.

사실은 말이에요. 가지려던 것이 아니었어요.
알고 싶던 것뿐이었는데.
오늘따라 빗소리가 유난히도 낯설게 느껴지네요.

'장마에도 꽃잎이 떨어지지 않을 수 있을까요?'

물끄러미 꽃잎을 바라봅니다.
정말이지, 가지려던 건 아니었어요.

알고 싶던 것뿐이었는데.

그대가 지고 나서야
사랑이었음을 알았다

'꽃이 지고 나서야 봄이었음을 알았다.'

천성호 작가의 시를 처음 보았을 때,
이 문장이 이렇게 읽혔다.

'그대가 지고 나서야 사랑이었음을 알았다.'

최근까지도 한 시의 아름다운 문장으로 이 글귀를 기억하고 있었는데, 이 문장의 출처를 찾다 원래 이 문장이 아니었다는 걸 알게 되었다.
왜 저렇게 읽혔을까를 떠올리다 추측했다.

아마도 '이별이 누군가에겐 사랑의 시작일 수 있다.'라는 생각이 들던 시기가 아니었을까.

그런 생각을 한 적이 있었다.

어쩌면 이별은 누군가에게 사랑의 시작일 것이라고.
사랑이 온 줄도 몰랐다가, 떠나고 나서야 사랑임을 깨닫고 혼자 사랑을 알아가는, 사랑을 앓아가는 때가 내게도 있었으니까.

계절감이 없는 편인 내게 그것은 벚꽃과 같았다.
일교차가 심한 1월부터 4월까지가 지나가면 5월부터는 사람들이 반팔을 꺼내입는 날씨가 되었는데,
그럼 봄은 언제였는지를 나는 매번 알지 못했다.

그러던 어느 날, 한 친구가 벚꽃이 피는 것을 보고 이렇게 말했다.

"벌써 벚꽃이 피었네. 벚꽃이 지면 봄이 오겠다."

처음엔 그 말이 의아했다.
'봄에 꽃이 피는 것이 아니고, 꽃이 지면 봄이 온다니.'

친구의 설명은 이랬다.
벚꽃은 아주 잠깐 왔다 가는 거라고.
겨울인지, 봄인지 알 수 없는 사이,
아름다운 이별을 고하기 위해 잠시 피어나는 것이라고.

나는 그 말이 마치 인사 같다고 생각했다.

그때부터 벚꽃은 내게 '인사'와 동의어가 되었다.
겨울에게 잘 가라는 인사, 봄에게 잘 오라는 인사.
이 일은 인사를 배운 일이었고, 그 인사는 내게 사랑을 떠나보내는 법을 알려주었다.
그때, 나는 어른이 된 것 같은 기분이 들기도 했다.

꽃이 지고 나서야 봄이었음을 알았다.
그대가 지고 나서야 사랑이었음을 알았다.

그대를 사랑하면
상처받을 걸 알고 있었다

애정하는 영화 중 《라빠르망》이란 영화가 있다.
리메이크작이 더 유명하기도 한데,
《당신이 사랑하는 동안에》라는 영화의 원작이 바로
《라빠르망》이다.
《라빠르망》이 좋아하는 영화가 된 이유는
오로지 한 대사 때문이다.
"너무 사랑할 때, 상처 주는 것도 모르는 법이죠."

처음 이 영화를 본 것은 18살 때였고,
그땐 이 대사가 잘 이해가 가지 않았다.
'너무 사랑할 때, 상처받는 것도 모르는 법이죠.'가 아니라
'상처를 주는 것을 모른다'니.
머리로는 알겠는데 마음에 와닿지 않았다.

이후 성인이 되고 하나의 사랑이 끝났을 때,
문득 그 대사가 떠올랐다.

그 짧은 한 문장이 하루가 다 가도록 나를 울렸다.

'너무 사랑할 때, 상처 주는 것도 모르는 법이죠.'

그때, 나는 마음으로 이 대사를 다시 이해하게 되었다.
너무 사랑해서,
자신의 감정에만 취해있다 보니 상대방을 외롭게,
힘들게 만들었던 시간들.
지금 생각해 보면 한때, 사랑에 참 많이 서툴렀다.
어쩌면, 매번 서툴렀다.
사랑은 늘 비슷하면서도 다른 모습으로 나타났으니까.

스스로를 괴롭게 하는 사랑이 원망스러울 정도로.
언제나 사랑은 어려웠다.

그 사람이 너무 상처를 받아서 떠나갈 때, 그랬다.
'너는 네 감정에만 너무 충실해. 그래서 내가 너무 아파.'

'아프다.'는 말.
이유는 단 하나, 너무 사랑해서였다.
너무 사랑하면 상대보다 내 마음이 먼저 보인다.
내 마음만 보인다.

그래서 자꾸 상대방의 감정이 아닌
내 마음에 휘둘리게 되는 것이다.

내 마음을 휘청거리게 한 건,
연인을 사랑하며 몰라서 물었던 게 아니라,
알기에 물었던 것들이었다.

가령, 나를 사랑하냐는 질문
또는, 나를 사랑하긴 하냐는 질문.
결국, 나는 내 감정만 생각했던 거다.

내 감정만 생각하는 이기적인 마음이 우리의 관계를,
결국 우리를 흔들었다.
당시엔 상대가 이 관계를 휘청거리게 한다고 생각했지만,
그건 바로 나였다.

너무 사랑해서, 사랑에 취해있었던 나 때문이었다.
당시 나의 일기장엔 이런 문장이 쓰여 있었다.

그대를 사랑하면,
상처받을 걸 알고 있었다.
하지만, 멈출 수 없어 그냥 두었다.

그리고 몇 페이지를 넘긴 곳에,
이렇게 적혀 있었다.

그대를 너무 사랑하면,
그대가 상처받을 것을 알고 있었다.
하지만 멈출 수 없어 그냥 두었다.

아니구나가 아니라,
아니라기에

누군가와 함께하며 '아니다.'라는 말을 실감하는 순간이 있다. 볼트가 맞지 않아 전구에 불이 들어오지 않는 것처럼.

내 생각과 달리 내 마음에 불이 들어오지 않는 순간.

그런 순간도 있다.
'아니구나.' 하고 돌아설 수 있으면 다행인데
'아니라기에.' 돌아서야 하는 순간.

아니구나가 아니라,
아니라기에.

아니라는 사실을 받아들여야만 할 때,
그러니까 나답지 않아지곤 할 때,
우리는 멈칫하게 된다.

누군가를 만나며 내가 가장 솔직했던 순간은 끝이라고 소리칠 때였고, 잘못하지도 않은 일들에 관해 미안하다고 말할 때 나는 가장 진실하지 않았다.

유독한 관계.
그 관계는 우리 안의 괴물을 꺼내고,
진실을 부정하게 만든다.

사랑이란 이름 아래 행복한 순간들이 있었지만,
그 순간들의 우리는 나답지 않았던 것이다.

좋을 땐 너무 좋고, 싫을 땐 너무 싫었던
독 같은 관계.
그게 우리가 헤어진 이유였다.

사랑하는 마음만으로 시작한 관계였기에,
더욱 불안정했다.

서로의 모든 것을 원했고,
줄 수 없는 것까지 주고 싶어 했던,
보고 있어도
보고 싶다는 이유로 서로를 옆에 묶어 두었던 사이.

그래서 모든 걸 갖고도 소유하고 싶었고,
모든 걸 주고도 미안했던
어리고 어리석었던 사랑이었다.

서로에게 엉켜 괴로워하는 우리를 풀어주고 싶었지만,
놓아주는 방법을 몰라 그저 바라보며 아파했던 사랑.

급할수록 돌아가라는 속담을 비웃듯,
그렇게 우리는 마음 하나로 달려갔던 거다.

결국, 우리가 멈칫하게 되었을 때
순간 같던 시간이 길어지면서 우리의 사이는 멈추었다.

'아니다.'가 너무 길어져서,
'아니라기에.'

그 순간을 받아들였을 때.

관계의 불이 꺼지듯, 우리의 사랑이 끝났다.

간단한 행복

관계라는 건 당신과 나 사이의 이야기에서 머물 뿐인데, 아주 간단하게 행복해진다.

당신과의 추억이 있어 특별해진 동네 카페, 내가 영화 제목을 잘못 기억해 당신이 한참 웃었던 멜로 영화를 떠올릴 때마다 슬프기보단 웃음이 나는 것.

너무 사소해서 간지럽고, 간단해서 더욱 특별한 행복이다.

따뜻한 건 유난스러운 것이 아니라 바로 이런 것이다.

이게 우리가 사랑하는 이에게 주고 싶은 것이다.

행복은 멀리 있는 게 아니라,
우리의 관계가 맺어진 아름다운 사이,
그 이야기 안에 있는 것이라고.

자꾸만 알려주고 싶은 것.

사랑은 우리가 했는데
이별은 나 혼자 하네

하릴없는 아침, 눈을 뜨면 핸드폰을 확인해 너의 흔적을 찾는다. 사진첩부터 SNS까지.

이건 아니지 싶어 마음을 추스르고 양치를 하는데
나도 모르게 울음이 터져 나왔다.

'정말 내가 널 잊을 수 있을까.'

물음은 울음을 데려올 뿐이다.

서글픈 밤, 두 다리 쭉 뻗고 누워 하염없이 울고만 있다. 네가 떠나고 잘 살고 있는데, 잘 살고 있는 것이어야 할 텐데 자꾸만 잘 못 살고 있는 것 같다는 생각에 마음이 얹힌다.

이대론 도저히 못 살 것 같다는 생각이 들자
결국, 끝없이 네 이름을 울부짖었다.

그럼에도, 울음은 아무런 힘이 없다.
반복되는 무기력한 낮과 무너지는 밤,
이제 얼마나 시간이 흘렀을까.

아무것도 달라지지 않았다.

내가 알 수 있는 건,
네가 보고 싶은 걸 보니 아직 살아는 있구나.

아픈 줄도 모르고
우리의 추억을 난도질해 댔다

이별엔 5단계가 있다.
1단계는 부정, 2단계는 미움, 3단계는 타협, 4단계는 우울, 5단계는 인정.

매번 이런 단계를 짧게라도 거치는 것이 슬플 정도로 신기했다. '우리가 어떻게 헤어질 수 있겠어.'라며 부정하던 시기가 끝나갈 때쯤 멍하니 앉아 있는데, 돌이켜보니 그 사람이 너무나도 미운 마음이 드는 것.

그러니 잘된 일이라고.

모든 게 지긋지긋하고 구질구질했다.
더 이상 이렇게 힘들 필요가 없다는 생각이 들었다.
그러니 신기하게도 미련 같은 게 이제 존재하지 않는 것 같았다. 이게 맞다고 생각하니 모든 장면의 색들이 명확하게 보이기 시작했다.

우리의 만남부터 헤어짐까지 어디서부터 어디까지가 맞는 건지. 어느 지점이 틀린 건지.
예리하게 짚어내기 시작했다.

이내 곧 그 날카로움에 내 마음이 베이기 시작했다.
이렇게밖에 될 수 없었다는 사실이 슬퍼졌다.

그럼에도 불구하고,
아픈 줄도 모르고 우리의 추억을 난도질해 댔다.
정신을 차리고 보니 모든 게 엉망진창이었다.

그리고,
이제 모든 걸 정리할 시간이었다.

그대가 헤어지자고 했을 때, 나는 사랑한다고 말했다

그대가 나를 바라볼 때 나도 그대를 바라보았고,
그대가 웃었을 때 나도 따라 웃었다.
그대의 행복이 나의 행복인 줄 알았고,
그대가 힘들 때, 내가 대신 힘들고 싶었다.

그리고,
그대가 헤어지자고 했을 때, 나는 사랑한다고 말했다.

우리는 사랑의 온도가 달랐다.
먼저 식어버린 그대가 사라진 날부턴 뜨거운 눈물이 멈추지 않았다.

인터넷 포털사이트에 '이별 후 괜찮아지는 법'과 같은 질문은 누가 하나 했는데, 나처럼 아픈 사람이 너무 간절해 물을 수도 있겠구나 싶을 만큼 마음이 어려웠다.

내가 그대의 온도를 늦게 따라가서,
우리의 온도가 달라서 헤어졌다는 사실이 어려웠다.
뒤늦게 뜨거워진 나의 온도를
혼자서 열병처럼 앓아야만 했다.

둘일 땐 이 감정이 행복이었는데,
혼자라는 이유로 아파야만 하는 상황이 원망스럽기도 했다.
하지만 다행스럽게도 시간이 약이라는 어느 노랫말이 거짓말은 아니더라.

통증의 간격이 초 단위에서 분으로,
시, 매일, 매주, 매달 늦춰지더니 어느덧 문득 떠오르는 그대에게서 온기가 느껴지지 않았다.

'아, 그대가 나에게 이별을 고했을 때 이런 마음이었겠구나.'

생각하니 혼자서 식어가는 마음의 온도가 서글펐다.

'그대도 어쩌면 이처럼 서글펐겠구나.'

그대를 느낄 수 있는 마지막이란 예감이 들자,
남은 온기로는 마음껏 그리워해야겠다 싶었다.

애초에 사랑할 때,
내 마음의 온도를 그대에게 맞춰갔더라면
우리는 달라졌을까.

그리움은 약한 마음을 들게 했다.
허나 너무 늦은 생각이었다.

다음 사람에겐 온도를 맞춰가야지.
스스로를 다독였다.

그대가 옆에 있을 때 했어야 할 노력을
그대가 떠난 뒤에야 하며, 마음엔 굳은살이 배겼고,
마음은 한 겹 더 단단해졌다.

그대를 사랑한 건 실수였다

그대를 사랑하게 된 건 일종의 실수였다.
그러니까, 그대를 너무 사랑하게 돼버린 것 역시
아마 실수였을 것이다.

사랑을 전부 말할 필요는 없었는데, 모든 걸 다 보여줄 필요는 없었는데, 매번 숨김없이 사랑을 보여주었다.

진심을 말한 대가였을까,
거침없이 깊어져 가는 관계가 겁이 났다.

깊이를 가늠할 수 없어 아래로, 아래로 빠르게 낙하하며 빠져드는 기분이 무서웠다. 우리가 같은 마음이라 믿으면서도 빠져드는 속도를 따라갈 수 없을 것 같아 두려웠다. 돌아오지 못할 길로 향하는 것 같다는 걱정에 자꾸 고개를 돌려 돌아갈 길을 기억했다.

더욱 그대와 가까워지길 바라면서도,
정작 용기를 내는 건 어려웠다.

그대에게 가까이 오라 손짓할 뿐.

그때의 우리를 떠올리며 안타까운 건,
용기를 내지 못했던 것보다 뒤돌아보았던 모습이다.

서로의 눈을 맞추며 사랑에 뛰어들어 달려가다,
덜컥 겁이 난 내가 고개를 돌려버린 순간.

그 찰나에 그대는 얼마나 겁이 났을까.

그대 또한 두려웠을 텐데.
그대도 우리가 어디로 가는 것인지 몰랐을 텐데,
오로지 눈빛만을 믿고 망설임이란 단어를 겨우 떨쳐냈을 그대를 이제야 생각한다.

가장 후회되는 순간이다.
이제는 그 순간이 얼마나 소중한 것인지 알고, 함께라면 괜찮다는 걸 알기에 믿음과 여유도 생겼다.

하지만, 이제는 두 번 다시 당시와 똑같은 사랑을 하지 못할 것이다.

이제 와 고백건대,

나는 사랑을 너무 몰라서
나는 당신을 너무 사랑했다.

그리고 그건 실수였다.

평생 후회하지 않을,
나의 생에서 가장 잘한 실수.

내가 당신을 떠났을 때

　내가 당신을 떠났을 때.

　그러니까 마음은 차마 떠날 수 없어 몸으로 당신의 곁에서 한 발짝, 두 발짝, 멀리, 최대한 멀리 떠났을 때.

　떠오르는 비행기 안에서 내가 있던 곳,
　당신의 곁, 당신과 머물던 그곳.
　그 육지와 점점 멀어져 육지가 하나의 점으로 보이더니 이내 사라져 버리는 것을 가만히 지켜보며 차라리 안도했다.

　'우리가 왜?'
　'나는 당신이 아직 좋은데, 그럼 우리는 헤어진 건가?'
　'당장 달려가면 볼 수 있을 것 같은데 우리가 헤어진 건가?'

　헤어짐이란 대상을 끝끝내 멀어짐으로써 증명해 두 눈으로 확인한 후에서야 더 이상 바보 같은 질문들을 던지지 않게 되었으니까.

그때서야 나는 인지했다.

'내가 당신을 떠났구나. 우리가 헤어졌구나.'

'이게 헤어짐이라는 거구나. 참 슬프구나.'

그리고,
'아, 이제 울 일만 남았다.'

5 _____

나도 울어, 너처럼

그 힘으로 계속
자라나기 위해서,
우리는 우는 것이다.

더 세차고 우렁차게.

너도 울고, 나도 울어.

너도 울고, 나도 울어

인생에는 울 일이 너무나도 많다. 원하던 일이 잘 안돼서, 인간관계에 상처받아서, 사랑에 힘들어서, 가족이 아파서, 그냥 슬퍼서, 울고 싶어서 울거나 가끔은 이유 없이 울 때도 있다.

누군가 눈물이 없는 사람이라고 한다면,
이는 거짓말일 것이다.
사람은 누구나 운다.
그렇지 않은 척을 할 뿐.

때문에, 가끔 식당에서 우는 아이들을 보면, 부럽기도 하다.
'너는 울고 싶을 때, 마음껏 울 수 있구나.' 싶어서.

아이들은 우는 이유가 선명하다.
배고파서, 졸려서, 어디가 아파서.

하지만, 어른들이 울 때는 이유가 명확하지 않다.

우리는 보통 너무 복잡한 상황에 처했을 때, 울고 마니까.
"왜 울어?"라고 물어도 설명하기가 어려울 때가 많다.
마음이 버거울 때가 많다.
어릴 땐 키만 크면 다 어른인 줄 알았는데,
나이만 먹으면 어른인 줄 알았는데,
돈만 벌면 어른인 줄 알았는데,
지금은 내가 어른이 아닌 것 같다.
과연, 어른이 될 수 있을까 싶기도 하다.

다 자랐다 느낄 때가 있으면서도, 아직도 모자라고 부족한 모습을 발견할 때면 나란 인간은 참 미성숙하구나 싶기 때문이다.

어린이일 땐, 나도 마음껏 울었다.
덕분에 별명은 '울보'였다.

참으로 아이러니한 것은 어느 정도 키가 크고 나서부턴
'다 큰 애가 왜 울어.'라는 말을 듣게 되었다는 것이다.
아마 그때부터였을 것이다.
내가 울음을 참게 된 것은.

조금은 이상한 일이라고 할 수 있겠다.

눈물이 자양분이 되어 자랐는데, 이제 울지 말라니.
그럼 이 많은 수분은 다 어디로 흘려보내야 한다는 말인가.

어쩌면 내가 어른이 되지 못한 것은 덜 울어서 그런 것이 아닐까.

울음에 대해 생각하는 날이 길어지면서,
나는 울고 싶을 때 울기로 결심했다.

있는 힘껏,
우렁차게 울어버리면 괜찮아지는 것 같아서.
더욱 자라날 것 같아서.

그 힘으로 계속 자라나기 위해서,
우리는 우는 것이다.
더 세차고 우렁차게.

너도 울고, 나도 울어.

정답은 내 안에 있어

인생을 살다 보면 우리는 무언가를 결정해야 하는 상황을 마주하게 된다.

그럴 때 우리는
'내가 진짜 원하는 것이 무엇일까?'라는
무거운 고민을 짊어지게 된다.

그런 적이 있었다. 진로 문제였는데, 인생의 갈림길에 선 기분이 들 만큼 큰 결정이라 오랜 기간 끙끙 앓았던 고민이었다.

"내가 원하는 것에 집중하자. 내 행복을 위한 선택을 해야 한다."라고 말하며 나를 위로했지만, 사회적 기대의 목소리들, 가족의 조언, 친구들의 첨언들과 같은 외부의 지속적인 영향은 내가 온전한 고민을 하는 것을 거의 불가능하게 만들었다.

그 중심에서, 나는 계속해서 한 가지 결론으로 돌아왔다.

'모르겠다. 나도 내 마음이 뭔지, 내가 무엇을 원하는지 모르겠다.' 그것은 결국 일관된 회피였다.

하루는 밥을 먹다가 속이 너무 시끄러워, 숟가락을 탁 놓고 '진정, 내가 원하는 게 뭐지?'라고 스스로 물음을 던졌다.

내 안의 침묵 속에서 목소리가 작게 울려 퍼졌다.
그 목소리에 귀를 기울이려는 순간 세포 하나, 하나까지 멈춘 것처럼 심연의 정적이 이어졌다.
그것은 낯선 느낌이었다.
내 마음이 내 마음 같지 않은, 너무나도 낯선.
그리고 깨달았다.
'나 자신과 소원해졌다.'

나는 나와 사이가 틀어졌구나.

그런 연유로 나는 나와 시간을 보내기로 했다.
이 성찰적인 여정은 내가 간절히 듣고 싶은 대답을 내 마음 깊은 곳에서 찾기 위함이었다.

마음속 깊은 곳의 내가 원하는 답을 듣기 위해서.
'나'를 만나러 향한 것이다.

우리가 살고 있는 세상은 너무 시끄러워 마음의 소리가 잘 들리지 않고, 일방적이고, 때로는 격한 아우성에 마음은 기가 죽어 자취를 숨긴다.

그러니 나를 만나기 위해선 새롭고 조용한 장소로 향하는 것이 좋겠다고 판단했다.
꼭 먼 곳일 필요는 없다. 단지 스스로에게 아는 척하며 말을 건넬 수 있는 곳이면 충분하다. 자신과 대화를 나누고 이해할 수 있는 여유를 가질 수 있는 곳.
무엇보다 잡음이 없는 장소이면 된다.

불편한 잡음이 사라진 환경에서 마음은 다시 생기를 얻고 용기를 피워낸다.
새로운 곳에선 뭐든 다 할 수 있을 것 같은 마음이 생기니까.
내가 뭐라도 된 것 같은,
비로소 내가 된 것 같은 기분이 든다.
그때, 마음은 진정으로 원하는 것을 소리 내 외친다.

우리는 모두 마음을 갖고 있다. 만일 당신의 마음이 사라졌다고 느낀다면, 그건 당신의 마음이 당신에게 자주 실망한 탓에 스스로 자취를 감추고 있기 때문이다.

문득,

우리는 길가에 핀 꽃 한 송이 앞에서, 하늘 위 흘러가는 구름의 모습에서, 걷다가 잠시 앉은 벤치에서, 조용한 카페에서 음미하는 커피 한 잔에서, 예상치 못한 곳에서 해답을 얻곤 한다.

어디선가 갑자기 튀어나온 대답.
아마 그건 내면의 깊숙한 곳에서 속삭이는 나의 진정한 목소리일 것이다.

나는 이 내면의 목소리가 삶의 나침반이라고 믿는다. 겉으로 드러나는 것들로는, 스스로조차도 진정 원하는 것을 분별할 수 없다는 사실을 배운 까닭이다.

그대, 어디로 향할 것인가.

정답은 내 안에 있다.
마음의 나침반을 따라가 보자.

이는 자신을 믿는 연습이며,
이 연습은 나를 믿는 습관 될 테니.

나의 오아시스

　　　　　살다 보면 드문 확률로 만나게 되는 눈부신 순간들이 있습니다.

　삶이란 그것에 다다르기 위해, 혹은 그걸 찾기 위해 달려가는 여정이죠. 여정이 길어질수록 우리는 이미 메말라 버린 삶에 갈증을 느낍니다. 가슴에 품었던 아름다운 빛이 희미해지고, 그런 빛이 들었던 순간이 진실이었는지조차 헷갈릴 때쯤 잃은 것 없이 모든 걸 잃은 기분이 들기도 하지요.

　'무엇을 위해 숨 막히는 삶을 살아가고 있는 것인가.'

　그 무렵엔 생존만을 위해 삶을 살아가는 나를 발견할 수 있습니다.

　'살아야 한다.'

　아무것도 보이지 않는 황망한 사막을 계속 걷는 것과 같습니다.

언젠가 인생이 황량한 사막 같다고 생각한 적이 있었습니다.
방향엔 정답이 없고,
먼저 달려가는 건 어리석은 일이기도 하다고.
원하는 곳에 먼저 다다르리란 보장도 없으니까.

그럼에도 사막이 아름다운 이유는 오아시스가 있기 때문일 겁니다.
삶이 아름다운 이유는 거친 여정 어딘가에 꿈이 있기 때문이고요.
꿈이 있으면 인생이 다채로워지니까요.
빛나는 무언가를 품고 대하는 삶은 일상의 채도가 올라간달까요.

꿈은 이루고 싶은 큰 목표가 되어도 괜찮지만, 그렇다고 꼭 거창할 필요도 없습니다.
'다정한 사람이 되고 싶다.', '오로라를 보러 갈 거야.'와 같은 작고 소중한 희망들도 좋겠습니다.
이런 것들은 일상의 작은 바람일 뿐인데, 아득히 먼 곳에 있는 것처럼, 가져서는 안 될 마음처럼, 이질감이 느껴집니다.

이제 와 짐작해 보건대, 우리가 잃어버린지도 모르고 잃어버린 것은 어쩌면 희망이 아니었을까요?

희망은 순진한 사람이 꿈꾸는 것이 아니라, 눈부신 순간을 기억하는 사람이 꿈꿀 수 있는 것이니까요.

삭막한 일상에서 우리가 해야 할 일은 살면서 마주했던 나의 오아시스를 떠올리는 상상력을 발휘하는 것일지도 모릅니다.

각자 가슴속에 빛나는 꿈을 안고 오아시스를 찾아서
다시, 두 다리에 힘을 주어 앞으로 내딛는 것.
그리고 그 걸음을 이어가는 것.

하고 싶다면
하세요

소셜미디어에서 상담을 하는 콘텐츠를 하면서 가장 많이 받은 질문 중 하나가, '무언가를 하고 싶은데 걱정이 앞선다는 것'이다.

"하고 싶으면 하면 된다."라는 직관적인 대답을 하는 편인데, 보통은 '어떻게' 하면 잘할 수 있는지를 더러 묻는다. 사실 이 부분에 있어서는 어떻게 해야 잘 설명할 수 있을지가 고민스럽다. 왜냐하면 하고 싶다(Do) 다음에 어떻게(How)가 되는 건 잘못된 전개이지 싶어서다.

시나리오를 쓸 때 중요한 법칙이 있는데 바로
'Do-Why-How' 법칙이다.
작가가 이야기 속에서 인물을 움직이게 하는 첫 번째 조건이 '왜(Why)'다. 타당한 이유가 없으면 캐릭터는 절대 움직일 수 없으니까. '왜(Why)'라는 연료가 있어야, 그걸 원동력으로 '할(Do)' 수 있는 것이다.

그리고 다음 과정은 '어떻게(How)' 움직이게 할지를 고민한다.

모든 일엔 인과관계가 있기 때문인데 사람 역시 마찬가지다.

모든 일에는 인과관계가 있기 마련이다.

'하고 싶다'는 '원한다(Want)'는 마음인데 이 마음을 '하다(Do)'라는 행동으로 옮기기 위해서는 먼저 움직임의 원동력이 될 '왜(Why)'를 찾아야 한다.
 '왜(Why)' 그것을 하고 싶은지.
 하지만 짧은 시간에 이렇게 장황하게 설명할 수가 없으니 단지 "원하는 게 있다면, 일단 움직여서 하는 게 좋지 않을까요?"라고 생략된 문장을 말한 적도 더러 있었다.

 실제 경험으로 얘기를 해보자면, 대학을 졸업하고 잠시 보컬 레슨 하는 일을 아르바이트로 했던 때가 있었다.
 당시 취미생들을 가르쳤는데, 나의 첫 수업내용의 핵심은 '왜 노래를 잘하고 싶으세요?'였다. 대부분은 '노래를 못해서.', '그냥 잘하고 싶어서.' 등의 목표 없는 대답을 했지만, 사실 그건 부끄러워서인 경우가 대다수였다.

돈을 내고 보컬 레슨을 받으러 오기까지 필요한 연료는 꽤 크기 때문이다.

따라서 그들은 분명히 저마다의 가슴 안에 연료인
'왜(Why)'가 강하게 있었고,

수업이 끝나갈 때쯤 학생들은 조심스레 마음속 '왜'를 꺼내 놓았다. '고백에 성공하고 싶어서.', '친구 결혼식 축가를 위해서.', '싱글 앨범을 발매하는 게 버킷리스트라서.' 등 다양한 이유였지만, 그들 모두 가슴 깊숙이 확실한 '원동력'이 자리하고 있었던 것이다.

'왜(Why)'가 '그냥'이라도 상관은 없다. 그것도 이유니까.
하지만 왜(Why)를 아는 것은 매우 중요하다.
그래야 목적지에 도착하기 위한 루트를 짜기 때문이다. 그래서 왜(Why)를 안 다음 우리는 어떻게(How)를 찾기 위해 노력했다.

당시 내가 그들에게 노래를 잘 부르는 것만큼 알려주고 싶었던 건 이런 것이었다. 하고 싶다는 건 '마음'이기 때문에 '왜'하고 싶은지 역시 '마음'에 자리하고 있다는 사실.
마음으로 느끼고 하는 것과 머리로만 생각하고 하는 것은 같은 행동이라도 전혀 '다른' 행동이라는 진실을 말이다.
많은 이들이 모르고 살아가는 '진심'의 비밀을.

진심으로 행동하는 힘은 그 힘의 크기가 다르다.
진정으로 원하는 것을 위해 행동하는 이들은
기적을 만들어 내니까.

진심을 다해 사는 이들의 삶에선 때때로 기적이 일어난다.

5명의 레슨 생이 전부였던 1년 남짓의 시간일 뿐이지만,
나는 그때 마음이 자랐다.

누군가 내게 무언가를 하고 싶다고 말하면,
이렇게 말하고 싶다.

"하고 싶다면, 진심을 다 하세요."

당신, 잘했다. 잘하고 있다

반짝이는 아침 햇살이 방을 따뜻한 파스텔 색조로 물들였다. 공기 중에 떠 있는 먼지 입자들이 각각의 리듬에 따라 빙빙 도는 조용한 곡조에 맞춰 춤을 추었다. 나의 오랜 친구는 내 맞은편에 앉았는데, 그의 얼굴엔 읽어내기 어려운 수많은 감정들이 새겨져 있었다. 그러나 친구는 분명한 목소리로 말했다.

"나 정말 잘하고 싶었어."

단순하면서도 심오한 무게가 실린 목소리.
그 무게가 즉각적으로 내 안에 울려 퍼지며 공감의 소용돌이를 일으켰다. 나는 작게 고개를 끄덕였다.
동시에 작은 의문이 고개를 들었다.
'잘한다는 것은 뭘까?'

월급에 0을 더 받는 사람들의 숫자나 사회가 우리에게 주는 칭찬으로 정의되는, 소위 성공이라 불리는 것이 잘하는 것일까? 혹은 꿈을 이루는 것에 관한 것일까, 아니면 세상이 적절하다고 생각하는 정해진 역할에 맞추어 지내는 것일까?

어쩌면, 우리가 있는 그대로의 모습과 우리가 우리로서 존재하는 것에 만족감을 느끼는 것은 아닐까?

나는 더 본질적인 질문을 속으로 무수히 던지며 친구를 바라보았다.

눈가가 촉촉해진 친구는 눈물을 애써 감추며 외면했다.
그리고 나는 친구의 어깨에 손을 얹으며 확신에 찬 목소리로 속삭였다.
"잘했어. 그리고 너 잘하고 있어. 나는 네가 모든 것을 쏟아 붓고, 노력하는 걸 봤어. 너는 최선을 다했어. 그리고 네가 그렇게 했다면 그것으로 충분해. 잘했어."

친구는 울었다.
그리고 고마움과 안도가 뒤섞인 눈빛이 다시 내 눈을 맞춰왔다.

"눈물을 참는 법을 모르겠어."
"참지 마. 눈물은 우리가 살아있다는 것을 상기시켜 주는 일이야."

우리는 울었고, 말보다 더 큰 침묵이 따뜻하게 우리를 감싸 안았다.

우리는 그 순간 속에서 생각에 잠긴 채,
한참 동안 그렇게 그곳에 앉아 있었다.

당신, 잘했다. 그리고 잘하고 있다. 당신이 당신의 모든 것을 쏟아붓고, 노력하는 걸 누군가는 보았을 것이다. 적어도 당신은 그 사실을 알고 있다. 그것으로 되었다. 당신은 최선을 다했고, 그것만으로도 충분하다.

그래도 아쉽다면, 울어버리자.
우는 일도 잘하는 일이니까.

당신,
잘했다.
잘하고 있다.

한때, 애틋했던

원하는 일을 하기 위해 원하지 않은 일을 해야 할 때 우리는 딜레마에 빠지곤 한다. 열심히 그 길을 가기만 하면 되는 거라 생각했는데 길을 막고 있는 나뭇가지도 잘라내야 하고 돌부리도 뽑아야 하고 그렇게 다른 존재를 해쳐야 하는 상황들.

성인이 되고 가장 먼저 맞닥뜨렸던 고비는 '취업'이었다.
"성인이 되었으니 이제 취업해야지.", "일해서 돈을 벌어야지."라는 어른들의 말씀에 압박감을 느끼며 꿈과 현실 사이에서 혼란스러웠던 사회 초년생. 그게 나였다.
하고 싶은 일인 음악을 전공으로 택하는 것까진 내가 했는데. 그다음이 막막했다. 내가 할 수 있는 일이 없는 것 같았다.
'하고 싶은 일로 돈을 벌 수 있을까?'
'내가 하고 싶은 일은 당장 돈을 벌 수 있는 일이 아닌데.'

생각의 간극에서 오는 괴리감에 나의 마음도 반으로 찢어지는 것 같았다.

전공까지 했는데 포기하긴 너무도 아쉬웠다. 음악과 관련된 일을 한다고 해서 당장 그게 직업이 될 수도 없었다. 당시 수입이라고 하기엔 용돈벌이 수준이었으니까. 가만히 있을 수는 없으니, 음악을 하기 위해서 다른 아르바이트를 시작해야 했다. 아는 분의 소개로 하게 되었던 드라마 시놉시스를 쓰는 아르바이트였다. 수입으로 따져보면 아르바이트가 주업이고 음악이 부업이었으나, '음악'을 하고 싶었고 음악을 하기 위해 부수적으로 하는 일이 글을 쓰는 것이니 나에겐 음악이 '나의 일'이었다.

이후 글 쓰는 일에 운이 따라주면서 계속해서 글을 쓰게 되었고, 음악에 투자하는 시간보다 글에 투자하는 시간이 자연스레 늘게 되었다. 회사원처럼 사무실에 매일 출근하며 나는 현실과 타협한 사람이 된 기분을 느꼈다. 그 주객이 전도된 현실을 체감할 때마다 '내가 뭐 하고 있지?'라는 생각에 말 그대로 죽기보다 싫어서 때려치우고 싶던 적도 많았다.

서서히 시간이 지나며 '음악'에 미안해졌고 음악을 사랑하는 '나'에게 또 미안했다. 딜레마에 빠진 것이다.

결국, 나는 글을 그만 쓰기로 다짐했고 '음악'에 전념하기 위해 연습실로 돌아갔다.

하지만 연습 시간이 줄어든 만큼 실력도 줄어있었고, 함께 연습하던 친구들은 하나, 둘 결과를 내기 시작했던 때라 유약했던 내겐 절망의 시기였다.

말 그대로 흑역사,
잊고 싶어 정말로 잊어버린 시간.
이제 잘 기억나지 않는 쓸쓸하고 적막했던 시간이다.

'재능이 없다.'
스스로 자책했고, 좌절에 무릎을 꿇다 끝내 머리를 바닥에 떨구어 버렸다. 더는 음악을 '할' 용기도, 음악을 '포기'할 용기가 없다는 핑계로 잠적이 조용하게 시간에 머물렀다.

그때의 난 끝을 볼 용기가 없는 것이 아니라, 어떤 결과가 오더라도 끝까지 가 볼 만큼 절실하지 않은 것이었다.

인정해야 했다.
진정으로 용기가 필요한 시점이었다.

그렇게 나는 더 이상 엔딩이 궁금하지 않은 책을 덮었다.

한때, 내가 사랑했던 책이었다.

아프지 마, 청춘이야

어린 시절 내가 감명 깊게 읽었던 책에선 '절실함이 없다는 것은 청춘에 대한 모독'이라고 했다. 어른들은 흔한 말로 "젊어서 고생은 사서도 한다."라고 말했다.

그때 나는 그 말들을 가슴에 새겼다.

'절실해야 무언가가 이루어진다.'
'아프니까, 청춘이다.'

처음 해본 사회생활과 비즈니스적인 인간관계에 적응하지 못했던 나는 무엇이든 서툴렀다. 그 탓이었는지 소위 열정 페이와 어려서 겪는 무시, 여자라서 겪는 차별, 을이라서 겪는 부당한 처우 등을 당연하게 감내했다.

'청춘은 아픈 거니까.'

청춘이 아파야 한다고 믿었던 시간은 어느덧 하세월이 되었다. 둘째가라면 서러울 만큼 아팠던 청춘이었다.

지금은 아프니까 청춘이란 식의 말은 모두 헛소리라 굳게 믿고 있다. 경험으로 새겨진 믿음은 쉽게 지워지지 않는 법이다.
특히 절실해야 성공해야 한다는 말은, 틀렸다.
내가 절실했던 일들은 모두 이루어지지 않았다.
절실해서 아등바등한 사람들은 오히려 객관적으로 상황을 보지 못하기 때문에 실패할 확률이 높다. 꿈이나 목표를 제대로 파악하지 못한 채, 너무 간절해서 긴장된 상태로 노력만 몇 배로 하는 것이다. 그 때문에 실수할 가능성도 크다.
오히려 마음의 여유를 갖고 상황이 되는대로 노력한 사람들이 잘된 경우가 많다.

가장 중요한 건 요즘 세상에선 타고난 사람을 이길 재간이 없다는 것이다. 물론 노력으로 안 되는 게 없다는 말에 일부 동의한다.

하지만 핵심은 모두가 노력하고, 모두가 최선을 다한다는 것이다. 타고난 사람들도 노력하기 때문에 노력만으로 성공하긴 힘든 시대이다.

눈 깜박할 새 세상이 바뀐다고 느끼는 요즘이니,
남이 과거에 잘 된 얘기를 듣는 것도 큰 도움이 되지 않는다.
이제 내게 절실한 것은 단지 아침에 마시는 아메리카노 한 모금이 전부이다. 이 포션을 먹어야만 벅찬 하루를 감당할 수 있으니까.

일을 마치고 집에 들어서면 20대 초반의 동생이 졸업으로 바쁜 동시에 취업 준비를 하고 있다.
하루는 동생이 물었다.
"취업하려면 대학에 들어가야 한다고 해서 12년 동안 공부해서 대학에 왔는데, 취업하려면 경력이 있어야 하고, 경력이 없으면 많은 스펙도 필요하고 너무 힘들다. 언니 나이가 되면 괜찮을까?"

'인생은 언제나 안 괜찮아.'
나는 마음으로만 대답했다.

처음 살아보는 오늘이 서툴기만 한 우리는 모두 청춘이다.
청춘이 아파야 한다는 말은 틀렸다.
아파야만 하는 시절은 없다.
차라리 사회 초년생이던 나에게 이렇게 말해줬다면,
'실수해도 괜찮아. 실수 하나로 어차피 달라지는 건 없거든. 집에 가서 치킨이라도 시켜 먹어.'
나는 덜 불행했을 거다.
살면서 가장 반짝이던 아름다운 시절의 의미를 담고 있던 청춘이란 단어는 이미 퇴색되었다고 느끼니까.

그날 나는 동생에게 이렇게 말했다.
"치킨 먹을래?"

"지금 치킨을 참는다고 내일 치킨을 먹을 수 있는 건 아니야. 치킨은 다시 오지 않아. 청춘도 똑같아. 오늘 아픈 걸 참는다고 내일 행복하지 않아. 그러니까 수시로 행복을 챙겨."

이 글을 보는 모든 청춘 역시 아프지 않기를 바란다.

"아프지 마, 청춘이야."

내 꿈은
야간 버스를 타고

고향에서 명절을 보내고 서울로 올라가는 버스 안이었습니다. 자리가 없기도 했지만, 밤차를 타는 것을 좋아하는 저는 심야버스에 몸을 싣습니다.

고요한 밤, 이어폰에서 흘러나오는 음악을 배경음악 삼아 창밖을 보는 것이 마치 특별한 여행처럼 느껴집니다.

누군가는 "칠흑 같은 밤에 어둠 너머를 들여다보면 뭐가 있겠어?"라고 반문할 수도 있겠습니다.

그 깜깜함을,
그리고 그 속의 작은 불빛들을 좋아합니다.
검은 배경 속에서 불규칙하게 빛을 내고는 사라지는 시각적 이미지가 다른 차원 혹은 우주로 떠나는 여정 같달까요.

복잡한 도시 생활에선 시선에 선택권이 없습니다.
보고 싶은 것을 볼 수도 있지만, 보기 싫은 것까지 봐야 하는 것이 일상이 되어 버린 것이죠.

남들의 시선이 향하는 곳을 따라가다 보니 보고 싶은 것이 무엇이었는지조차 잊어버리기도 합니다.
너무 많은 시각적 정보들이 피로하게 느껴지기도 하고요.

어둠은 때때로 시선의 휴식을, 마음의 고요를 가져다줍니다.
어두운 도시를 밝히는 작은 불빛들과 함께 내가 듣고 싶은 음악을 듣는 것.
버스가 사색의 장소로 변하는 순간,
그것이 바로 야간 버스를 좋아하는 이유입니다.

야간열차나 버스를 탈 때마다 내부의 고요함과 썩 편하지 않지만 익숙한 의자가 묘하게 반갑게 느껴집니다. 이 순간들은 마치 오래전부터 알고 지내던 장소처럼 친숙합니다.
조용한 길동무가 되어주는 옅은 빛은 어둠을 밝혀 하얗게 반짝이는 강을 보여주기도 하고, 은은한 빛으로 빛나는 커다란 보름달을 안겨 주기도 합니다.
작은 불빛을 바라보며 사색에 잠기다 보면 그 불빛에 비친 제 모습을 발견하게 됩니다. 아직 눈을 감지 말라는 조용한 외침이 제 마음속에 울려 퍼집니다.

'당신도 저 불빛처럼 빛나는 존재예요.'

지친 내 마음을 알아주는 것처럼, 할 수 있다고 힘을 주며 앞으로 나아가라고 자꾸만 마음을 밝혀 줍니다.

세상은 째깍째깍 돌아가고, 꿈은 가끔 길 잃은 나비처럼 펄럭이지만, 밤의 고요한 동행 속에는 평범함이 비범함으로 바뀌는 안식처가 있고, 달빛의 부드러운 속삭임이 주는 다정함 속에서 우리 마음은 위안을 찾습니다.

결국, 나비는 길을 찾을 겁니다.

이처럼 우리 모두 인생의 여정에서 한 번쯤은 품어보거나 엿본 적이 있는 것들.
일상의 소박한 따뜻함 속에서
우리는 희망을 발견합니다.

희망의 빛이 내리쬐며
우리의 존재의 윤곽을 뚜렷이 할 때,
비로소 우리가, 우리가 된다고 믿습니다.

6 _____

울어도 괜찮아. 올해 산타는 쉽니다

처음 사랑을 배운 사람

크리스마스에 대한 특별한 환상이 있다.

어른이 되어서도 크리스마스가 특별한 이유는 아홉 살이 되던 해 크리스마스 날, 산타를 만났기 때문이다.

산타의 선물을 기다리던 설렘으로 일찍 떠진 눈을 비비고 방에서 나온 아홉 살짜리 소녀의 눈은 두 배가 되었다.

크리스마스 장식들로 꾸며진 거실의 풍경. 아빠의 키만한 트리와 반짝이는 전구들, 벽과 천장에 붙어있는 알록달록한 장식들. 루돌프와 산타가 다녀간 게 틀림없다 믿었던 눈앞에 펼쳐진 환상을, 결코 잊지 못할 것이다.

의자를 밟고 올라가 천장에 아직 장식을 붙이고 계시던 부모님의 당황한 얼굴까지도.

현장을 목격한 나에게 부모님은 "이게 왜 떨어졌지?"와 같은 아무 말을 하셨고, 간밤에 산타 할아버지가 다녀가셨다는 하얀 거짓말로 상황을 무마하셨다.

당시엔 산타의 존재에 관해 의심의 여지가 없었던 터라, 완벽하게 믿었다.

지금 생각해 보면 웃음이 새어 나오는 감동적인 에피소드이다. 아마 어린 내가 처음 사랑을 두 눈으로 마주한 날이 아니었을까.

재밌는 건 현장을 목격하고도 부모님의 말을 철석같이 믿었다는 것이다. 정말로 그날 이후 나는 산타 할아버지를 맹신하게 되었다. 하루 만에 그렇게 집이 바뀌는 것이 아홉 살의 나에겐 마법 같은 일이라 여겨져 굳게 믿게 된 것이다.

산타 할아버지의 마법을 겪은 덕분에 나는 학교에서 주운 330원을 경찰서에 가져가 주인을 찾아달라고 할 정도로 착한 일을 찾아내서 하는 아이가 되기도 했다.

지금은 아무도 나에게 산타를 믿느냐는 질문을 하지 않는 나이가 되었지만, 나의 대답은 정해져 있다.

나는 산타를 믿는다.
그리고 그 산타는 나의 부모님이다.

나를 기쁘게 하기 위해 아침부터 저녁까지 날이 새도록 무슨 짓이라도 했던 분들.

"네가 웃으면 세상을 다 가진 것 같았다."라고 말하는
그분들에게 세상의 슬픔, 아픔, 눈물은
그들만의 비밀이었다.

날 웃게 하기 위해 한평생 나를 대신해 우셨던 나의 산타.
나는 산타에게 처음으로 사랑을 배웠다.

잠 못 드나,
외롭지 않은 밤

잠들지 않는 밤.

이불 대신 생각들에 덮여 추위보다 서러운 밤이었다.
문득 마음속 어딘가에서 빛이 불규칙하게 반짝거렸다.
그건 내가 아는 빛이었다.

언제부터였는지 마음의 발전기가 고장이 난 뒤,
빛은 존재를 감춘 지 오래였다.

하지만 완전히 사라진 건 아닌 듯,
빛은 잊을만하면 반짝거렸다.

고장 난 전등처럼 꺼지지도 않아, 자꾸 거슬리게 했다.
그러면서도 싫진 않았다.
그 빛은 따뜻했고, 위로였고, 원동력이 돼주었다.
'위로받기 싫은데….'

마음을 따뜻하게 비추는 빛이 날 감싸 안았다.
우리에겐 내일이 있다고, 함께 내일로 가자고 말하는 듯했다.
그렇게 자꾸 나의 소맷자락을 붙잡고 내일의 방향으로 당겼다.

내일은 희망이었다.
내일이 있다.
그 사실에서 희망을 얻었다.

그 희망으로
나는 다시 마음의 발전기를 돌렸다.

이제 빛이 있다는 사실만으로,
외롭지 않았다.

자존감 지키는 법

1. **타인과 비교하지 말기**
   모든 사람에게는 자신의 여정이 있고, 우여곡절이 가득하다는 것을 기억하자. 당신의 가치는 단 하나의 정거장이 아니라 종착점까지의 여정에 의해 결정된다.

2. **약점을 받아들이기**
   약점을 받아들이는 것은 당신을 약하게 만드는 것이 아니라, 당신을 성숙하고, 현실적으로 만든다.

3. **가까운 지인에게 의견 묻기**
   외부의 박수는 순식간이다. 하지만, 내부의 박수는 영원히 울려 퍼진다.

4. **부정적인 것에 대한 노출을 제한하기**
   유독한 관계든, 부정적인 소셜미디어 내용이든, 끊임없는 자기비판이든, 당신의 삶에서 부정성의 원천을 제거하는 것이 좋다.

5. 스스로 칭찬하기

운동 가기와 같이 아무리 작아 보이더라도, 나의 성취를 인정하고 스스로 칭찬하는 시간을 갖자. 성취감을 통해서 자신감이 생기고 당신이 생각하는 당신의 가치가 올라간다.

6. 실수에 너그러워지기

모든 사람은 실수를 한다는 것을 잊지 말자. 실수를 했을 때, 자신을 질책하기보단 보다 너그러운 마음으로 상황을 보자. 어차피 이미 일어난 일이다. 실수를 무언가를 배울 수 있는 기회로 여기는 편이 좋다.

7. 힘들 땐 울어라

모든 사람들이 운다는 것을 기억하자. 눈물은 나약함의 표시가 아니라 잘 살고 있다는 증거이다. 최선을 다한 사람, 노력하고 있는 사람만이 울 수 있다.

올해 산타는 쉽니다

추운 겨울. 황혼은 도시를 노란빛으로 뒤덮었고, 모든 그림자는 설명할 수 없는 슬픔으로 깊어지고 있었다.

나는 강이 내려다보이는 조용한 카페에 앉아 있었고, 시간은 석양빛에 붙잡힌 것 같았다.

맞은편에서, 낡은 놋쇠 시계의 똑딱거리는 소리는 멍한 사색의 순간에도 삶은 계속된다는 리듬감을 상기시켰다.

시간은, 쉼 없이, 변하지 않고, 전진한다.

커피가 도착해서야 김이 모락모락 나는 향기에 생각의 깊은 곳에서 빠져나올 수 있었다. 눈이 소복이 쌓인 하얀 풍경.

"눈이 참 슬프죠?"
"……."

'예쁘다'가 아닌 '슬프다'는 말을 건넨 누군가.
그 누군가가 궁금해 고개를 돌렸다.
한 여자가 맑은 티를 마시며 창밖을 바라보고 있었다.

그녀도 혼자 이 먼 카페를 찾은 모양이었다.
'아님 이 근처에 사는 사람이려나.'
나는 잠시 멈추었고, 그녀의 눈과 눈이 마주쳤다.
그녀도 혼자 이 머나먼 곳의 카페를 찾은 모양이었다.
'어쩌면, 이 근처에 사는 사람일지도.'
나는 잠시 생각을 멈추었고, 그녀의 눈과 눈이 마주쳤다.

"그러게요. 저리 예쁜데 곧 녹을 생각을 하니. 꽤 슬프네요."
"여기 자주 오시나 봐요. 사색에 잠기신 모습이 자연스러우시던데." 혼잣말처럼 읊조린 대화가 오고 가고, 나는 작게 고개를 끄덕였다.

"네. 머무르기에 참 좋은 곳이에요. 시간은 그 순간들을 위해 가만히 있지 않아요. 그러니 저라도 머물러야죠, 시간에."

너무 감상적인 말인가 싶어 슬쩍 그녀를 바라보니, 그녀는 옅은 미소를 짓고 있었다.
"시간에 머무른다. 좋네요. 가끔은 멍하니 그저 시간에 머물러야겠어요."

마치 시간처럼 저 멀리 강물은 흐르고 있었다. 그리고 여자는 이따금씩 수첩에 낙서를 하며 강을 내다보았다. 나는 괜스레 그 낙서가 궁금해졌다. 우연히 동지를 만난 것 같은 느낌이 들어 그녀의 마음을 사로잡고 있는 것은 무엇일지 궁금했다.

그때, 그녀가 울었다.

강물은 흐르고, 그녀는 울고, 눈은 녹을 것이다.
나는 모른 체 강물을 바라보았다.

여전히 시계는 똑딱거렸고 우리의 눈물과 흐르는 시간의 관계를 생각해 보았다. 똑딱거리는 시간만큼 우리가 시간의 한계로부터 멀어진 것처럼 느껴졌다. 멍하니 그저 머무르는 순간들은 우리가 마음의 휴식을 추구하는 방식이니까.

우주가 우리에게 준 선물, 즉 잠시 멈추고, 스스로를 다독일 수 있는 시간이다.

해가 떨어지자 작은 가로수 불빛이 강 표면과 눈 위에 노랗게 내려앉았다. 식어버린 커피를 홀짝홀짝 마셨다. 그 쓴맛은 멍하니 있는 순간의 달콤함과 극명한 대조를 이뤘다.

그녀는 눈물을 그쳤다.
그리고 민망한지 말을 이었다.

"올해 산타는 저에게 안 오겠네요."
"올해 산타 쉰대요. 괜찮을 거예요."
"산타를 아세요?"
"네. 인연이 좀 있어요."

우리는 작게 웃었다.
말하지 않았지만, 운다는 것은 아름다운 일이라고, 용기 있는 일이라고 그녀에게 마음으로 박수를 보냈다.
나도 울고 싶을 때가 있지만, 때때로 쉽지가 않았다.
생각에 잠긴 순간, 그 존재의 무게가 너무 세게 눌려서 눈물이 터져 나오는 순간이 억지로는 잘 되지가 않는다.
슬프다고 모두가 울 수 있는 건 아니니까.

그녀가 다시 입을 열었다.
"가끔 길을 잃었다고 느낄 때가 있어요. 그럴 땐 참 어떻게 해야 할지 모르겠더라고요."
"괜찮아요. 우리가 길을 잃어도 때때로 완벽하게 옳은 곳에 있을 때도 있더라고요."
"무슨 말인지 알 것 같아요. 어쨌든 도착할 테니까."
"마치 표류하고 있다고 느끼는 그 순간들에서, 우리는 전혀 길을 잃은 게 아니에요. 시간에 흘러갈 뿐이고, 가끔은 멍하니, 그 표류를 즐기는 것도 괜찮아요."

낯선 이와의 우연한 대화는 나에게 꽤 큰 위안을 주었습니다.

가끔 우리는 길을 잃습니다.
하지만, 우리는 잘 가고 있는 겁니다.
어쨌든 도착할 테니까요.
그러니, 당신도 잘 가고 있는 거예요.

가끔은 우리 낯선 길 위에서 멍하니 시간에 머무르는 것도 좋겠습니다. 잠시 숨을 고르고, 다시 길을 찾아가는 거죠.

기억하세요.
길을 잃은 것 같아도, 당신은 옳은 길 위에 있다는 사실을.

당신,
울어도 괜찮다.
올해 산타는 쉽니다.

인간관계가 힘들 때 가져야 할 생각

1. **모든 사람은 독특하다**
   사람은 모두가 다른 배경의 출신이고 다른 경험을 가지고 있다는 것을 이해하자. 타인의 행동과 사고방식은 당신과 차이가 있을 수밖에 없다.

2. **타인의 관점을 이해하자**
   다른 사람의 관점에서 상황을 보도록 노력해 보자. 그것은 타인의 감정과 행동을 더 잘 이해하도록 도움을 줄 것이다.

3. **타인을 통제할 수 없다**
   당신은 오직 당신의 행동과 생각만을 통제할 수 있다는 것을 기억하자. 당신은 타인을 바꿀 수 없고, 당신의 뜻대로 타인은 움직여지지 않는다.

4. **건강한 경계는 필수적이다**
   우리의 안녕과 정신 건강을 보호하기 위해 개인적인 경계선을 설정하고 남들이 그 선을 넘지 못하도록 유지하는 것이 매우 중요하다. 누군가 그 선을 넘으려 할 때, 딱 잘라 거절할 수 있는 레퍼토리를 만들고 거절을 연습하자.

5. 모두가 당신을 좋아할 순 없다

그리고 그것은 아주 괜찮은 일이다. 자연스러운 일이다. 당신은 충분히 가치 있는 사람이지만, 당신의 가치를 모두가 알아주지는 않는다. 얼마나 많은 사람들이 당신을 좋아하고 싫어하는지에 따라 당신의 가치가 결정되지 않는다는 사실을 꼭 기억하자.

6. 합의가 아니라 이해를 구하라

동의하지 않는 것은 괜찮다. 대화의 목적이 반드시 합의에 도달하는 것은 아니니까. 하지만, 대화를 통해 우리는 서로의 관점을 꼭 이해해야 한다.

7. 개인적인 감정으로 받아들이지 말자

누군가의 행동은 그들로부터 나온 것이고 그들의 것이다. 그러니 조금 불편한 행동이나 말을 한다면 기본적으로 그것은 그 사람의 태도 혹은 기분, 인성에 달려있다. 꼭 당신 때문이 아니다. 상황만을 보고 판단하자.

8. **필요할 땐 끊어내자**

만일 관계가 유독하게 느껴진다거나 누군가를 만나고 나서 늘 기분이 좋지 않다면, 그 관계에서 멀어지기 위한 시간을 갖거나 끊어내는 것도 괜찮다. 무엇보다 중요한 것은 당신의 행복과 안녕이니까. 정신적, 감정적인 건강을 우선시하자.

절망에서
희망으로 반짝이는 것

판도라의 상자엔 마지막으로 희망이 남아있었다. 나는 그 이유가 희망이 때론 가장 큰 절망이 될 수 있기 때문이라고 여겼다. 기대가 클수록 실망도 큰 법이니까.

어려움 속에서 기꺼이 가져야 할 건 희망이 분명하다.
그러나 때론 "희망을 가지세요."라는 말이 절망이 되기도 했다.

몇 년 전, 비문증 때문에 안과에 검진을 간 적이 있었다. 단순 검진이었는데 녹내장이 의심스럽다는 뜻밖의 소견을 듣고 큰 병원에 가서 검진을 받게 되었다. 정밀 검사가 끝나고 "들어오세요."라는 말에 진료실 문을 여는데 그 문의 무게가 어찌나 무겁게 느껴지던지. 그건 아마 두려움의 무게였던 것 같다.

의사는 덤덤한 목소리로 녹내장이 맞다고 간단히 진단을 내렸다. 모니터 화면에 띄워진 차트를 보여주며 시신경이 손상된 부분을 설명하는데 26살의 나이에서 시선이 떨어지지 않았다.

현재로서 방법은 진행을 늦추는 것뿐이라는 말을 받아들이기가 어려워 확실하게 되물었다.
"결국은 안 보이게 될 거란 말이시죠?"
"네."

끔찍한 선고가 내려졌다.
나의 얼굴에서 좌절을 엿본 것이었을까.
곧 의사의 말이 들려왔다.
"희망을 가지세요."

나도 모르게 헛웃음이 나왔다. 아이러니하게도 그 말이 곧 절망을 데려왔으니까.
'희망? 지금 희망이라고 말한 건가? 무슨 희망? 진짜 할 수 있는 게 없구나……'

집에 돌아오는 길은 참 멀었고, 나는 생각이 많아졌다.
'희망은 곧잘 절망이 된다는 점에서 희망이 절망과 같은 존재가 아닐까?'라는 생각이 들었다.
상황에 따라 '희'라는 옷을 입었다가 '절'이라는 옷으로 갈아입는 것이라고 말이다.

슬픈 생각이었다.

희망을 가졌다가, 절망에 빠졌다가 다시 희망을 갖는 것.
 마치 뫼비우스의 띠를 걷는 것과 같았다.
 그렇게 뫼비우스의 띠를 걸으며 그 병원을 다니던 나는 혹시나 하는 마음에 다른 큰 병원을 찾았고 녹내장이 아니라는 판정을 받았다.

 살다 보면 '나쁜 상황이 절대 바뀌지 않을 것'을 알게 되는 절망적인 사건을 맞닥뜨리게 된다. 그렇다고 해서 희망을 포기할 순 없는 것이다.

 그럴 땐 절망의 옷을 벗겨 다시 희망이란 옷으로 갈아입히자.

인생에서 '절대란 건 없어.'라며
절망 속에서 희망을 반짝이는 것이다.

살기 싫은 오늘이지만,
내일의 알람을 맞춘다

살기 싫은 오늘이지만, 나는 오늘도 내일의 알람을 맞춘다. 일어나지 못할까 싶어 5분 간격으로 여러 개나 맞춘다. 이 세상 모든 젊은이들의 마음이지 않을까.

'너무 모순적인가?' 생각하다, 괜찮다고 결론을 내린다.

삶은 원래 모순적이니까.

많은 이들이 소망한다고 말하는 로또 1등을 예로 들어보자. 로또 1등에 당첨되면 큰돈이 생겨 행복하지만, 돈을 빌려달라는 사람들이 생기고 소중한 사람과 등을 지게 될 수도 있다.

그럼 그건 행복인가?
삶은 모순적이다.

원하는 걸 얻은 행복 안에서도 우리는 그걸 잃을까 불안해한다.

이처럼 삶은 한쪽으로만 흐르지 않는다. 방향이 없다고 해야 정확하겠다. 다시 또 바이러스 같은 변수가 작용하면, 어디로 튈지 모르는 게 인생이니까.

어릴 땐 걱정이 없었는데, 어른이 되고 나선 너무 많은 생각들이 우리의 마음을 짓누른다.

'누군가에게 피해를 줄까.' 남의 눈치를 보고,
'잘할 수 있을까.' 나에게 눈치 보는 어른이 된 것이다.
눈치 보는 삶은 피곤하다.

꾸역꾸역 무언가를 참아내는 것을 느낄 때마다 내가 깎여 나가는 듯한 기분이 든다. 사는 게 팍팍하다는 어른들의 말씀이 이제야 이해가 간다.

살기 싫다.

이는 삶을 포기하고 싶다는 말이 아니다. '살기 싫다.'와 '죽고 싶다.'는 같은 말이 아니니까.
오히려 '살기 싫다.'와 '죽기 싫다.'가 유의어일 것이다.
살기 싫지만, 그렇다고 죽고 싶은 건 아닌 마음.
이 마음은 결국 한 마음이니까 말이다.
원래 마음이란 게 복잡 미묘하고 그렇지 않은가.

구체적으로 설명하자면 이런 스펙트럼을 가질 수 있겠다.

살고 싶다 ↔ 산다 ↔ 살기 싫다 = 죽기 싫다 ↔ 산다 ↔ 죽고 싶다

그러니까, 살기 싫어도 괜찮다는 말이다.
살고 싶지 않더라도, 잘 살 수 있다는 말이다.

모순적으로, 우리는,
살기 싫은 오늘이지만, 내일의 알람을 맞춘다.

낭떠러지
절벽 끝에서도 꽃이 핀다

어릴 적 〈휴먼다큐 사랑〉이라는 프로그램을 본 적이 있다. 간암 말기인 아내와 그 아내를 지극정성으로 돌보는 남편의 이야기였는데, 당시 중학생이었던 내게 죽음을 눈앞에 둔 사랑 이야기는 너무나도 충격적이어서 매일 밤 베갯잇을 적시다 잠에 드는 것은 물론이고 사랑하는 사람이 떠나는 잦은 악몽까지도 시달려야 했다.

중학생에게 죽음을 눈앞에 둔 사랑은 경험해 보지 못 한 것의 수준을 넘어 듣도 보도 못 한 경지였기에 아픔을 가늠할 수 없었다. 다만 사랑하는 사람의 죽음이라는 두려움과 아픔은 피부로 와닿았다. 아직까지도 당시 내가 느꼈던 감정은 꽤나 강렬하게 남아 있어, 가끔 사랑하는 사람을 사고로 잃는 꿈을 꾸곤 한다.

인간이 죽기 전까지 탐구하는 것들 중 가장 많은 비율을 차지하는 것이 '죽음과 사랑' 아닐까 생각한다.

아무리 연구를 하고 직간접적인 경험을 해도 알 수가 없기 때문일 것이다. 죽음과 사랑에 대해 통계를 낸 많은 자료들이 있지만, 통계를 믿고 '아 나는 68%의 확률로 암으로 사망할 수 있고, 80%의 확률로 노화로 인한 자연사할 수 있으니 운동과 암 예방만 하면 되겠구나.'하는 사람은 없을 것이다.

죽음은 수학과는 달라서 확률에만 의존할 수 없다는 말이다. 변수가 너무나도 많다. 그래서 죽기 전엔 모른다는 어른들의 말처럼, 죽는 날을 받은 사람조차도 죽음은 예상할 수가 없다.

사랑 역시 마찬가지이다.
우리가 나쁜 사람과 사랑에 빠질 확률은, 알 수 없다.
누군가는 외모를 통해서, 대화를 통해서, 누군가는 학벌과 직업으로, 습관과 부모님을 보고 상대를 예측한다.
그런 노력이 물론 확률을 줄일 수 있겠지만, 아무래도 재수 없게 악질의 인간을 만날 수도 있다.

그 재수가 없는 경우는 생각보다 흔하다. 주변만 둘러봐도 그랬다. 모든 게 완벽한 사람이었는데 사기꾼이었던 남자와 결혼한 지인도 있었고, 결혼 후에도 전 애인과 바람을 피우다 아이까지 갖게 되자, 배우자의 아이인 척 속여 낳으려던 여자와 결혼한 지인도 있었다.

두 사람 모두 완벽한 사랑이라 여겼기에 결혼까지 한 것일 테다. 일부러 고른 건 아닐 거란 말이다.

그야말로 사랑은 요지경.
사랑 또한 알 수가 없다.

 알 수 없는 사랑과 죽음이 공존하는 곳, 바로 병원이다.

 유난히 따뜻했던 연말, 엄마가 쓰러지셨다는 연락을 받았다. 병원 1층 카페에서 캐럴이 울려 퍼지던 크리스마스이브 날, 엄마는 수술실에 들어가셨다. 수술실 앞에서 수술 중 옆에 떠 있는 엄마의 이름을 한없이 바라보다, 숨이 막혀 1층 카페로 다시 내려갔다.

 가슴이 뜨거워 차가운 커피를 시킨 뒤, 한참 같은 음성을 들은 후에야 그 음성이 나의 이름이라는 사실을 깨달았다.

 카페 직원은 흔한 일인 듯 대수롭지 않아 했지만, 내 이름조차 못 알아들을 만큼 정신이 없던 연말은 내게 악랄하고 특별했다. 쌉쌀한 커피 맛과 귓가를 적시는 캐럴 음악의 이질감이

역하게 느껴져 속이 메슥거렸다. 눈가가 시리다 못해, 눈알에 묵직한 통증이 전해졌다.

울 시간은 없었다.
응급상황이 발생할 수 있으니 어서 다시 올라가야 했다.
다시 수술실 앞에서 엄마를 기다렸다. 의사가 나왔을 땐, 가슴이 철렁했다. 지혈이 잘 안돼서 시간이 좀 걸린다는 말을 전하려던 것이었고, 수술 결과는 좋다는 말을 들은 후에야 나는 안도의 숨을 내쉴 수 있었다.

엄마를 간호하던 크리스마스 저녁, 옆 침대에 내 또래로 보이는 환자가 들어왔다. 보호자인 엄마와 함께였다. 바로 옆 침대, 보호자와 환자가 바뀐 상황에서 자꾸만 나를 쳐다보는 환자의 시선에 마음이 묘했지만, 나는 나의 상황만으로도 벅찼다. 당시엔 타인의 마음과 그 상황까지 생각할 심적 여유가 없었다.

하루 3시간씩 쪽잠을 자며 보호자까지 예민해지는 병실 생활이었다. 왜 사람들이 병상일기를 쓰는지 알 것 같았다. 누군가를 붙잡고 털어놓을 수 없으니, 써서라도 털어놓아야 미치지 않을 것 같았다.
나는 습관처럼 얼굴을 감싸 쥐었고, 문득 어릴 적 보았던 〈휴먼다큐 사랑〉이라는 프로그램이 떠올랐다.

아내에게 "아직은 보낼 수 없다."고 말하며 웃던 아저씨의 모습. 너무 가짜 같은 이야기였다. 그리스 로마 신화처럼 믿을 수 없으면서도 믿고 싶은 아름다운 이야기였다. 엄마가 병상에 계시는 동안 내가 가장 힘들었던 일은 웃는 일이었으니까.
 이제야 조금, 아주 조금은 알 것도 같았다.

 '죽음을 눈앞에 둔 사랑.'

 사랑하는 사람과의 관계에 지치고, 감정마저 계산적인 인간관계에 질리고, 이기적인 사랑에 상처받은 시간이 있었다. 그 시간은 삶도 사랑도 부질없다 여겨지는 시간으로 이어졌다.
 '그 부질없는 삶이 부러질 수도 있구나.'라는 생각이 들던 날이 지나 '부러진 삶의 끝에서도 사랑을 피울 수 있구나.'를 알게 되었다.

 '낭떠러지
 *　절벽 끝에서도 꽃이 핀다는 사실을.'*

잔돈은 됐어요

추운 겨울, 1년 만에 친구를 만났다. 손과 코가 빨개져 들어간 카페에서 친구가 웃으며 인사했다.

대학 시절만 해도 1년 중에 300일을 보던 친구였는데, 먹고 살아보겠다고 '바빠서'라는 핑계를 대는 걸 보니 우리가 정말 다 컸구나 싶었다.

친구는 요즘 "죽고 싶다."고 했다.
정확히 말하면 "그냥 뒤지고 싶다."고 했다.
임용고시 준비하느라 1년 동안 연락도 안 되던 친구가 1년 만에 처음 보는 내게 뱉은 첫마디였다.

나는 조심스럽게 물었다.
"왜 잘 안됐어?"
"어. 떨어졌어."
친구의 눈에선 눈물이 한 방울 떨어졌다.
임용고시, 얼마나 어려운 시험인가. 나는 괜찮다며 친구를 다독였다.

"워낙 어려운 시험이잖아. 고생했다."
"0.33%로 떨어졌어."
"0.33%?으로 떨어질 수가 있어?"
솔직히 기막힌 상황에 웃음을 참을 수 없었다.

그리고 친구는 이미 웃고 있었다.
"내가 그 전설 속의 주인공이 될 줄은 몰랐다."
"어떻게 되는 거야 그럼?"
"요새 사립 면접 보러 다니잖아. 임용 0.33%로 떨어져서 사립 면접 보러 다닌다. 힘들게 몇 번씩 시험 보면서 최종까지 맨날 올라가는데 최종에서 계속 떨어진다. 이 정도면 진짜 재수가 없어도 이렇게까지 재수가 없을 수가 있나 싶다."
"괜찮아. 언젠가는 되겠지."
"아니. 결국 학벌이 문젠가 싶어. 모레 다른 학교 최종 있는데 떨어질 거 알면서 또 가는 심정을 아니?"
"될 수도 있지."
"거기 SKY대 출신 한 명 있어서 걔가 될 거라고 이미 소문났더라. 진짜 가기 싫다."
"그래도 가야지. 그 사람이 면접 중에 방귀를 뀔 수도 있잖아. 그럼 네가 되는 거지."
"아니야. 면접관 뺨을 때려도 걔가 될 거야."
"어휴, 진짜 인생 치열하다."

"됐다. 소주 마시고 노래나 부르러 가자."

그렇게 우리는 노래방으로 향했고, 다이나믹 듀오의 〈잔돈은 됐어요〉를 몇 번이고 열창했다.

친구는 결국 다시 임용고시를 준비했다.
그리고 보란 듯이 그 시험에 합격했다.

누구나 좌절을 해본 경험이 있을 것이다.

한 걸음 한 걸음이 모래사장을 터벅터벅 걷는 것처럼 무겁게 느껴지고, 눈물이 시야를 흐리게 하는 좌절감 속에서, 우리는 이 고군분투의 무게를 견디고 열심히 살겠다는 다짐의 메시지를 스스로 쓰는 것이다.

기억하자.
우리가 좌절감에 눈물을 흘릴 때, 절망 속에서 희망의 씨앗이 뿌려진다는 것을.

눈물 한 방울,
한 방울이 당신이 노력해 온 여정의 깊이를 보여주는 증거이며 우리가 얼마나 강한 존재임을 보여주는 것인지를.

눈물은 당신의 꿈의 정원을 키워주는 비와 같다.

울고 싶다면 울자.
오늘의 좌절감은 극복할 수 없을 것 같고 눈물은 무겁지만, 밝은 내일이 펼쳐지기를 기다리는 그 가능성을 믿자.

희망 안에는 오늘의 좌절을 딛고 도전을 계속 이어갈 용기가 있다. 그러니 희망을 잃지 말자.

안개에 가려져 앞이 불확실해 보일지라도, 당신이 밟고 서 있는 이 길은 성공이 기다리는 목적지로 이어질 테니.

모래성이 무너져도 노력은 무너지지 않는다

"철썩철썩."
파도 소리가 가슴을 치고 귓가에서 부서진다.
눈앞에서 모래성이 파도에 쓸려 간다.
'파도는 얼마나 많은 모래성을 쓸어갔을까?'

나는 생각한다. 모래알 같은 노력이 쌓아 올린 노력의 모래성을. 채 완성하지도 못한 노력의 성이 그렇게 쓸려가는 걸 바라보며 깨닫는다.

노력만으로 모래성이 완성되지 않는다는 사실을. 아무리 모래성을 쌓아도 파도라는 변수를 예상하지 못하면, 대비하지 못하면, 모래성은 완성될 수 없다.

'세상에 노력만으로 되는 일은 없다.'

나는 이 문장 앞에서 두려움을 느낀다.

지웠다, 다시 쓰길 몇 번 반복하다,
'세상엔 노력만으로 되지 않는 일들이 너무나도 많다.'라고 문장을 수정한다.

문장의 무게 앞에서 펜이 휘청거린다.
손을 움찔거리는 겁쟁이는 문장의 무게를 짊어질 용기를 내어본다.
하지만, 용기가 옮겨낸 무게가 마음을 짓누른다.

'글을 쓰는 것은 나의 문장이 아닌 세상의 문장을 적는 일이라 배웠는데……'

내가 알아버린 세상의 진실 한 조각,
어렵게 얻어낸 그 한 조각이 이런 허망한 문장일 뿐이라,
생전 마주하지 못한,
어쩌면 마주하지 못할, 이름 모를 누군가에게 죄송스럽다.
글쓰기는 모래성을 쌓는 것과 같다.
어쩌면 모든 일이 그럴 것이다.

'할 수 있는 가장 쉬운 일이 결국 노력이더라.'는 문장을 온몸으로 배우는 과정.

실로 위안 삼을 수 있는 일이 있다면, 경험했다는 것. 운이 따른다면, 노력만으로 되지 않는다는 사실을 마음이 다치지 않고 배울 수 있다는 정도일 것이다.

그리고 우리는 파도를 예상하고 대비하는 법을 알았으니 다행이라며 툭툭 발을 털어낼 뿐이다.

그 사이 파도는 새로운 모래를 내 발아래 가져다준다.
밀물과 썰물의 교차에 서서,
나는 생각한다.

'괜찮다.'
노력만으로 모래성은 완성되지 않는다.
하지만, 괜찮다.

당신, 노력만으로 되지 않는다는 사실 앞에 손을 움찔거리며 절망감에 휩싸여 있는가.
절망도 미련도 쓸려 보내라.
노력만으로 모래성이 완성되지 않아도, 괜찮다.
파도는 '시작'이라는 새로운 모래를 가져다준다.
'다시'라는 희망과 함께.

괜찮다.

다시,
시작하면 되니까.

계절을 보내며

삶은 많은 것들이 오고 가고,
떠나고 다시 오고.

끊임없이 반복되는 것입니다.
 이러한 비영구성이 때로는 위압적으로 느껴질 때도 있지만, 동시에 그것이 삶이 아름다운 이유일 것입니다.

 매 계절의 반복, 봄의 활기찬 꽃망울은 여름의 햇볕에 흠뻑 젖은 날들을 위해 자리를 내어주고, 가을의 기분 좋은 포옹 뒤엔 겨울의 적요함이 뒤따릅니다.

 오늘은 겨울비가 내립니다.
 그래요.
 겨울도 웁니다.

 겨울의 눈물은 삭막한 겨울에 오히려 따스한 온기와 희망을 가져다줍니다.

땅을 적시는 눈물 한 방울은 흙에 큰 자양분을 줍니다.
규칙적으로 이어지는 빗소리를 들으며 나도 문득 울고 싶어집니다.

울 수 있는 용기가 생깁니다.
겨울이 지나면 봄이 오겠죠.

눈물을 흘린 후엔 괜찮아질 겁니다.
그렇게 하나가 가면 하나가 오는 규칙을 배우며,
우리는 결국 괜찮아질 겁니다.

"겨울을 보내고 봄이 올 테니 우리는 울어도 된다고."

우리는 괜찮을 거라고.
그래요, 우리는 괜찮을 겁니다.

그러니, 괜찮습니다.
울어도, 괜찮습니다.

우리는 모두 웁니다.
나도 웁니다. 당신처럼.

겨울을 보내고

봄이 올 테니

우리는 울어도 된다.

나도 울어, 너처럼

초판 1쇄 인쇄 2024년 02월 08일
초판 1쇄 발행 2024년 02월 28일

글 정다이

발 행 인 윤혜영
편집총괄 구낙회
기획편집 김대현·진연
디자인 말리북
펴낸곳 로앤오더
주 소 (우)04778 서울시 성동구 왕십리로 8길 21-1 2층 201호
전 화 02-6332-1103 | **팩 스** 02-6332-1104
이메일 lawnorder21@naver.com
블로그 blog.naver.com/lawnorder21
포스트 post.naver.com/lawnorder21
인스타그램 @dalflowers

달꽃은 로앤오더의 출판 브랜드입니다.

파본은 본사에서 교환해 드립니다.
이 책은 저작권법에 따라 보호받는 저작물이므로 무단복제를 금지하며
이 책 내용의 전부 또는 일부를 이용하려면 반드시 저작권사와 로앤오더의
서면 동의를 받아야 합니다.

ⓒ 이 책에서 사용된 서체는 KoPub바탕체, Mapo금빛나루, Mapo꽃섬,
제주명조, 강원교육모두 입니다.